AF309285

MÉMOIRES

D'UN ESPAGNOL.

II.

MÉMOIRES

D'UN ESPAGNOL,

OU

HISTOIRE

DE DON ALPHONSE DE PERALDO;

ÉCRITE PAR LUI-MÊME, ET PUBLIÉE PAR ***.

TOME SECOND.

—

A PARIS,

CHEZ MARADAN, LIBRAIRE,

RUE GUÉNÉGAUD, N° 9.

1818.

MÉMOIRES

D'UN ESPAGNOL.

TROISIÈME PARTIE.

—

Il y avait déjà sept mois que je menais cette triste existence, non compris le temps que j'avais passé avec mes pauvres camarades, lorsque, vers l'équinoxe d'automne, après une longue sécheresse, il s'éleva une tempête plus violente, peut-être, que celle qui nous avait jetés sur cette île. Elle avait été précédée par des signes extraordinaires. Plusieurs jours avant qu'elle éclatât, l'air s'était obscurci insensiblement, l'atmosphère semblait remplie d'une légère fumée, qui, s'épaississant par degrés, dépouillait le soleil de ses rayons, et lui donnait une couleur ensanglantée. A cet aspect, je fus saisi d'une terreur involontaire. La chaleur était accablante, l'air était calme, quand tout-à-coup des éclairs affreux sillonnèrent à-la-fois toutes les parties de l'horizon. Éloigné, en ce moment, d'un quart de lieue de ma demeure, je courus m'y renfermer; j'en assurais à peine la porte, que l'ouragan le plus terrible souleva les flots, renversa les arbres, et ébranla jusqu'aux rochers. Le vent était nord-est, il soufflait avec fureur, et il se calmait entièrement par intervalles; dans ces instants de tranquillité, rien n'était plus étrange que ce contraste de la nature en repos, avec ces vagues prodigieuses qui conservaient encore l'impulsion qu'elles avaient reçue, et semblaient se mouvoir par de nouvelles lois. Pendant que durait le calme, je faisais quelques pas hors de mon logis ; je regardais ce tableau imposant avec l'intérêt qu'excite toujours un grand spectacle, dût-il inspirer de l'effroi ; et je me hâtais ensuite de regagner mon gîte, éprouvant cette satisfaction que l'on ressent malgré soi, lorsqu'on se trouve en sûreté au milieu d'un grand désordre. Ces intermittences se prolongeaient environ dix minutes ; un coup de tonnerre donnait le signal d'une nouvelle convulsion ; et la mer, avec une violence toujours croissante, semblait devoir abîmer dans ses flots le point chétif sur lequel j'étais placé.

Cette tempête, ou plutôt cette longue suite de tempêtes, dura cinq jours entiers ; vers le soir du cinquième, le soleil se montra un moment ; il se coucha dans des nuages légers, qui semblaient promettre un beau jour.

Une nuit suffit pour rendre le calme à toute la nature ; et le lendemain, rien ne rappelait le souvenir de cette grande scène, encore si récente.

Je me levai de grand matin, et je partis, une corbeille à la main, pour rapporter les provisions qu'il plairait au ciel de m'envoyer. Pendant tout le temps qu'avait duré la tempête, je n'avais eu, pour toutes ressources, que mon chocolat, avec quelques patates, et je sentais le besoin d'une nourriture plus solide. La campagne me parut ravissante ; les torrents de pluie qui n'avaient cessé de tomber, avaient ranimé la verdure ; cette terre, qui semblait desséchée quelques jours auparavant, s'était couverte, comme par enchantement, des fleurs les plus brillantes et les plus extraordinaires. L'air était embaumé, et après une retraite forcée, consacrée tout entière à la prière ou à la méditation, je

jouissais, avec une satisfaction inexprimable, du riche spectacle que
j'avais sous les yeux. Tous mes sens
étaient émus ; dans un élan de reconnaissance, je me jetai à genoux, et
je rendis de ferventes actions de graces à celui dont la main puissante
élève ou apaise les flots, selon sa
volonté.

Je m'étais dirigé vers le rivage,
présumant que les vagues y auraient
jeté des poissons ou des coquillages
qui pourraient servir à ma subsistance. Je ne m'étais pas trompé ; je
trouvai des huîtres et des moules en
grande quantité. J'emplis ma corbeille
de celles qui me parurent les plus
fraîches ; après l'avoir couverte d'herbes, je la laissai sur la place, pour ne
m'en charger qu'à mon retour, et je
continuai ma promenade. La côte entière était couverte de coquilles de
toutes les formes et de toutes les cou-

leurs; je rassemblai les plus belles en plusieurs monceaux, avec l'intention de les reprendre dans un autre moment, pour les porter dans ma demeure, où elles devaient faire un ornement agréable. Je vis aussi beaucoup de poissons morts, dont je ne connaissais que le plus petit nombre. Il semblait que la mer eût montré pour la première fois tout ce qu'elle nourrit dans ses plus profonds abîmes. Plus loin, j'aperçus un requin d'une grandeur prodigieuse, échoué sur la grève. Je m'en approchai avec circonspection; sa queue, dont il frappait encore des coups terribles, et qui lançait des tourbillons de sable, ses dents qu'il laissait voir par intervalles, apprenaient assez combien, dans cet état, il était encore à craindre.

Qui le croirait? tandis que dans une tranquillité d'ame parfaite, je promenais mes regards d'objets en

objets , uniquement occupé de satisfaire une simple curiosité , je tou-
chais au moment qui allait décider du
reste de ma vie. Encore quelques pas,
et tout allait changer autour de moi.
Cette existence solitaire et malheureuse , que je n'avais supportée que
par l'effet d'une résignation toute chrétienne, était prête à se remplir de
mille délices ; et, par un élan rapide,
cette ame, si long-temps affaissée sous
le poids de la douleur, allait s'élever
jusqu'au ciel même.

En marchant le long du rivage, avec
cette lenteur ordinaire aux personnes
dont une promenade agréable est le
premier but, je m'avançais insensiblement vers un amas de rochers qui
bordaient la côte sur toute cette partie
de l'île. J'en étais à quelque distance,
toujours occupé de ce qui se rencon-
trait sous mes pas, lorsque, levant les
yeux, j'aperçus dans la mer, au pied

même du rocher, un corps qui y formait une légère éminence et qui res-
semblait à l'arrière d'une barque. Je
jetai avec précipitation ce que je tenais
à la main, et je courus en toute hâte
vers ce lieu. Je vis en effet un canot
enfoncé dans la mer par l'une de ses
extrémités, tandis que l'autre s'élevait
de quelques pieds au-dessus de l'eau.
Cette partie était entièrement fracas-
sée ; il était facile de juger que la barque avait été jetée contre le rocher,
par la violence des vagues, qu'elle s'y
était brisée, et qu'elle avait coulé à
fond. La mer qui était basse en ce moment, me permit d'approcher jusqu'à
quelques pas de cette petite embar-
cation. La construction en était par-
ticulière. Les différentes parties dont
elle était formée étaient assemblées
avec beaucoup d'art, et je vis qu'elle
portait un petit mât, auquel était atta-
chée une voile faite de nattes très-

fines. J'aperçus encore deux rames qui flottaient sur l'eau ; elles étaient plus courtes que les nôtres, très-élargies à leur extrémité, et elles ressemblaient plus à une pelle qu'à une rame.

Je tenais avec douleur les yeux fixés sur ce triste spectacle ; il détruisait l'espoir que j'avais conçu dans le premier moment ; et je ne doutai pas que les malheureux, quels qu'ils fussent, qui étaient montés sur ce frêle esquif, n'eussent tous péri au moment de sa destruction. Touché de leur sort, qui, cependant, ne me paraissait guère plus triste que le mien, je me disposais à monter sur le point le plus élevé de la côte, pour tâcher de découvrir leurs misérables restes, et leur rendre un dernier devoir. Déjà j'avais mis le pied sur le rocher, qu'on juge de mon saisissement, lorsqu'à quatre pas de moi, j'aperçus une

jeune fille, éblouissante de beauté et
de fraîcheur, couchée à l'ombre du
rocher, sur un lit d'herbes marines,
et qui paraissait dormir du sommeil
le plus profond. A cette vue, troublé,
hors de moi, je restai immobile, incapable de faire un pas vers cet être,
image parfaite des anges, enfants du
ciel. Une palpitation suffocante me
saisit ; je serais tombé à ses pieds, si
je ne me fusse appuyé sur le rocher.
Un peu remis de cette première impression, je m'avançai avec précaution vers celle qui m'inspirait déjà un
intérêt auquel je ne pouvais plus me
méprendre.

Qu'elle était belle ! Je reconnus
tout d'abord ces traits si purs, retra-
cés avec tant de chaleur par tous les
voyageurs qui ont navigué dans les
mers du Sud. Ses formes, encore délicates, et qui semblaient attendre un
développement prochain, n'annon-

çaient guère que quinze ans. Sa figure était d'un ovale parfait ; ses yeux,
dont je ne pus juger pour le moment,
montraient seulement des paupières
longues et noires, surmontées de deux
sourcils très arqués, et déliés comme
des fils de soie. Un nez bien fait, et
qui suivait la ligne du front, ainsi
qu'on le remarque dans les statues
grecques, une bouche petite, vermeille, et laissant entrevoir des dents
du plus bel émail, arrêtaient ou rap-
pelaient sans cesse mes regards. Sa
coiffure était en désordre ; elle se composait d'un grand nombre de tresses
relevées avec grace, et dont l'une,
qui était déroulée, indiquait l'extrême
longueur de ses cheveux. Cette créature angélique dormait, appuyée sur
le bras gauche, tenant de la main
droite une petite tasse faite d'une
moitié de coco, coupée dans sa longueur. Elle s'en était servie sans doute

pour puiser de l'eau amassée tout auprès dans le creux du rocher.

Son costume, quoique assez bizarre,
avait une sorte d'élégance ; il consistait
dans un petit jupon, attaché au-dessus
des reins par une ceinture très-large,
et une espèce de mante qui enveloppait tout le corps, comme un habit de
voyage ; celle-ci, légèrement ouverte
sur la poitrine, laissait apercevoir un
sein d'un modèle parfait, quoiqu'à
peine formé. Sa jambe droite était
découverte jusqu'au - dessous du genou ; on y voyait une blessure qui
devait être récente, à en juger par
un filet de sang vermeil, qui avait
coulé sur une peau fine, et qui en re-
levait encore la blancheur.

Ébloui de tant de charmes, je les
contemplais avec des regards avides.
J'admirais dans une île déserte ce rare
assemblage de perfections, dont la
plus faible partie eût inspiré de l'or-

gueil à la femme la plus modeste d'une
cité européenne. Sans pouvoir m'expliquer l'apparition de ce phénomène,
mille idées confuses d'amour, d'union
et de délices naissaient dans mon ame.
Mon existence, si long-temps solitaire et malheureuse, ne me paraissait plus qu'un rêve pénible, dissipé
tout-à-coup par le plus beau réveil.

Mais, quelle impression allait faire
sur cette jeune fille l'aspect d'un être
très-différent sans doute de ceux
qu'elle avait connus jusqu'alors? Je
donnai un coup-d'œil à mon costume,
sans me rassurer sur l'effet que je pouvais craindre. Quoique je me fusse
fait une règle et une habitude d'accorder chaque jour quelques soins à
mon extérieur, ce matin même, pressé
de sortir de mon logis, après y
avoir été renfermé pendant près d'une
semaine, je m'étais échappé vers la
côte avec une grande barbe, de gros

souliers, un pantalon de matelot, une veste de même genre ; tout cela réuni formait un ensemble grossier, qui ne me paraissait pas propre, au premier instant, à parler beaucoup en ma faveur.

Cependant l'intéressante inconnue continuait de dormir d'un sommeil tranquille ; quelle qu'eût été sa position au moment de son naufrage, après de longues fatigues, la nature épuisée avait ses droits, et cet état de repos eût duré davantage, sans un incident qui changea nos positions respectives.

Je jouissais avec délices d'une situation qui me permettait de la considérer sans obstacles. J'étais debout, immobile, craignant de me livrer au plus léger mouvement, et très-inquiet de l'impression que ma vue allait produire sur elle. Tantôt je formais le projet de l'éveiller doucement, en m'assurant toutefois de sa personne ; un moment après, je redoutais que, désolée de se trouver inopinément en mon pouvoir, elle n'aperçût en moi qu'un ennemi : cette idée seule suffisait pour renverser des projets rapides, qu'un seul instant avait fait naître, et qui se détruisaient l'un par l'autre. Dans cette incertitude, je pris le parti de me tenir près d'elle, d'attendre son réveil, et d'agir selon que la circonstance m'inspirerait. Voyant que son sommeil continuait, je voulus passer du côté opposé à celui où j'étais, pour la regarder sous un autre aspect. Déjà j'avais fait quelques pas avec une extrême précaution, lorsque je marchai par hasard sur une petite coquille qui se brisa sous mes pieds. Au bruit, l'étrangère se réveilla tout-à-coup, en jetant un cri d'effroi. Je restai dans la position que j'occupais alors, n'osant élever la voix, ni faire un pas vers elle. Ses yeux étaient fixés sur les miens, avec l'expression de la terreur. Elle pâlit, et je pus remarquer le tremblement qui agitait toutes les parties de son corps. Après ce premier moment de trouble, elle se leva sans précipitation, et se voyant si près de moi, que je pouvais l'atteindre d'un seul élan, elle fit doucement quelques pas en arrière. Cette tranquillité apparente me trompa. J'aurais pu m'avancer à mesure qu'elle reculait, et me maintenir ainsi à la même proximité. Je n'en fis rien dans la crainte de l'effrayer; et, pour la rassurer davantage, je mis un genou en terre, tendant les bras vers elle, dans l'attitude d'un suppliant. Mais j'eus pris à peine cette posture, que se retournant tout-à-coup, elle s'éloigna avec la légèreté d'un oiseau, et dirigea sa fuite vers un grand bois, qui était à un quart de lieue de nous.

A cette vue, je demeurai confondu d'étonnement. La rapidité de sa course me démontrait l'impossibilité de l'atteindre ; la réflexion me défendit de le tenter. Outre que je me fusse consumé en efforts inutiles, je devais craindre, si je l'eusse poursuivie, de devenir absolument à ses yeux un objet de terreur ; et l'occasion une fois manquée, je ne songeai plus qu'à me préparer, pour l'avenir, les moyens de la faire renaître, bien résolu d'en mieux profiter. Je pris donc à l'instant mon parti ; je marchai sur sa trace d'un pas tranquille et lent, regardant à peine de son côté, et ne montrant tout au plus qu'un désir très-modéré de la joindre. Lorsqu'elle fut arrivée à la lisière du bois, elle se retourna pour voir si elle était poursuivie ; et m'apercevant à une grande distance, elle s'assit au pied d'un arbre touffu, toujours tournée de mon côté.

Le terrain qui montait insensiblement depuis le rivage jusqu'au lieu où je la voyais, lui permettait de suivre mes moindres mouvements ; de sorte qu'elle était à l'abri de toute surprise de ma part. Malgré l'impatience que j'avais de l'atteindre , je me gardai de presser le pas ; bien mieux, j'eus assez d'empire sur moimême, pour cueillir négligemment des fleurs le long de mon chemin, et en faire un bouquet, affectant, par ces dehors paisibles, une tranquillité dont j'étais bien éloigné. Cependant j'avançais peu-à-peu ; elle me regardait constamment ; je levais les yeux sur elle d'intervalle en intervalle. Nous formions chacun un projet différent : moi, celui de l'empêcher de m'échapper de nouveau, dès que je pourrais l'approcher ; tandis qu'elle se disposait à rendre mes efforts inutiles. En effet, lorsque je fus arrivé à la distance d'environ deux cents pas, elle se leva avec précipitation, et s'enfonça dans le plus épais du bois.

Je fus plus affecté de cette seconde fuite, que je ne l'avais été de la première. Je n'avais pas été surpris qu'au premier abord, l'étrangère n'eût songé qu'à m'éviter; mais je croyais que la circonspection avec laquelle je m'étais approché, eût dû obtenir un meilleur succès. De dépit, je jetai les fleurs que je tenais à la main, et renonçant à la feinte qui m'avait si mal réussi, je courus de toute ma vitesse vers le bois, et j'y entrai par le même endroit où elle s'était dérobée à mes yeux. Mais j'en eus à peine franchi la lisière, que je connus la difficulté, je dirai même l'impossibilité de trouver celle que je cherchais, dès-lors qu'elle s'opiniâtrait à me fuir. Des arbustes épineux, des plantes grimpantes de toutes les espèces, croisées et entre-

lacées de cent façons différentes, rendaient ce lieu presque impénétrable.
Je ne pouvais y faire un pas sans me
frayer une route avec une peine in-
finie ; et l'objet de mes recherches
n'eût été qu'à une toise de moi , qu'il
m'eût été impossible de l'apercevoir.

Tant d'obstacles ne me rebutèrent
pas ; je passai la journée tout entière
à me déchirer, à me traîner péniblement dans des lieux où probablement
un être humain mettait le pied pour
la première fois depuis la création.
Mes soins furent inutiles ; je ne vis,
ni n'entendis rien qui me promît une
ombre de succès.

La nuit s'approchait cependant ;
j'eus d'abord la pensée de rester en ce
lieu, pour continuer mes recherches ,
quelque infructueuses qu'elles eussent
été jusqu'alors. L'idée d'un éloignement momentané produisait sur moi
l'effet d'un abandon , et je ne pouvais

m'y résoudre. Je compris enfin que je n'atteindrais pas, dans l'obscurité, celle qui s'était dérobée à mes poursuites pendant la clarté du jour, et que je ne pouvais espérer de succès, qu'en ménageant des forces que je sentais prêtes à m'échapper. Je n'avais rien pris de toute la journée, et je tombais de lassitude autant que de besoin. Je regagnai mon triste logis, rapportant deux jeunes vaniers que j'avais pris dans le creux d'un arbre, au moment même de ma retraite. Je mangeai quelques morceaux par besoin plus que par appétit, et je me mis au lit, plutôt pour reposer que pour dormir.

Combien cette nuit fut agitée ! je passais tour-à-tour des rêves de l'espérance aux tourments de l'inquiétude; mon imagination enflammée portant tout à l'excès, me promenait de l'extase du bonheur, à la douleur la plus extrême; et comme je me flattais sans

mesure , je me désespérais sans motifs.

« Grand Dieu ! m'écriai-je , une
» femme adorable, une nouvelle Ève
» est enfermée avec moi dans ce dé-
» sert, qu'elle transformerait à mes
» yeux en un nouvel Eden ; elle peut
» devenir ma compagne, mon amie,
» mon épouse ; substituer à mes tris-
» tes jours des jours fortunés, et jouir
» avec moi de ces délices inaltérables
» que tu as prodiguées dans le Paradis
» terrestre, aux premiers êtres sortis
» de tes mains ! » Mais hélas ! ajou-
tais-je au même instant, cette félicité
pure ne peut plus être le partage des
enfants d'Adam ; elle leur est échappée , et c'est en vain que j'oserais me
la promettre ; celle de qui je pourrais
l'attendre fuit à mon seul aspect ;
mes efforts pour la joindre ne lui ins-
pirent que de l'effroi. En ce moment
elle erre dans les bois , sans asile ,

sans nourriture, presque sans vêtements! Où la trouver? comment parvenir jusqu'à elle? par quel moyen la rassurer, et la déterminer à me suivre pour l'associer à mon sort? qui la soutiendra contre le désespoir? Hélas! en cet instant même, elle expire peut-être de douleur et de besoin, dans ce lieu sauvage où je l'ai inhumainement abandonnée. Alors je me reprochais avec amertume la nourriture que j'avais prise, ce lit sur lequel j'étais couché, et tous ces objets commodes dont j'étais environné. Avec quel empressement je lui aurais tout prodigué, pour aller occuper sa place, eussé-je dû rester aussi éloigné d'elle, que je l'étais en ce moment même!

La nuit entière se passa dans ces pensées tumultueuses; enfin je m'assoupis vers le matin. Plus heureux par l'illusion que par la vérité, je voyais

dans mes songes celle qui absorbait déjà
toutes mes pensées ; je la pressais de
me suivre , je l'installais dans ma demeure ; j'étais heureux enfin , lorsqu'un réveil subit venant dissiper de
tels prestiges , cette félicité menson-
gère me rendit ma situation plus triste
qu'elle n'avait été jusqu'alors.

Mon premier soupir , mon premier
vœu furent pour ma compagne d'infor-
tune ; je réprimai ce mouvement involontaire , et élevant mon ame vers le
souverain arbitre de toute chose , je
le remerciai de la consolation qu'il me
permettait d'espérer dans ma détresse,
et j'osai l'invoquer en faveur de celle
qui devait être l'instrument de sa bonté. Après une prière fervente , mes
idées devinrent plus calmes ; sans cesser de songer au même objet, je l'envisageai avec plus de tranquillité , et
je m'occupai avec une satisfaction

inexprimable, de l'établissement dans mon petit logis, de celle qui devait l'embellir.

Après le départ de mes deux pauvres matelots, on a vu par quel motif je m'étais interdit leur chambre; je la destinai à l'être qui me représentait déjà une compagne. Avec un ciseau, j'eus bientôt fait sauter les pates-fiches dont je m'étais servi, dans ma misanthropie, pour fixer la porte au chambranle. Il serait superflu de dire que ce soin fut accompagné, chez moi, d'une émotion délicieuse. N'était-ce pas, à mes yeux, ouvrir le temple du bonheur? Je tirai de cet appartement tout ce qui avait été à l'usage personnel de mes infortunés camarades; et après l'avoir nettoyé, avec une sorte de scrupule, j'y plaçai deux chaises et une petite table. J'ajoutai au lit le meilleur de mes matelas, et je le garnis de mes draps les plus fins. Je

n'oubliai pas de préparer des com
presses et des bandelettes, pour pan
ser cette jambe blessée dont il m
semblait toujours voir couler le sang
Pour ornement principal, avec ur
peu de farine de patates détrempée
je collai dans l'endroit le plus appa
rent de la muraille une belle imag
de Notre-Dame d'Atocha, que j'avai
trouvée dans une armoire du capi
taine, après notre naufrage ; j'alla
prendre la pendule qui lui avait éga
lement appartenu, et à l'aide de deu
crochets, je l'attachai à l'un des tronc
d'arbre qui soutenaient la case de cett
fille du désert, objet de toutes me
complaisances. Je pensai que ce meu
ble, nouveau sans doute pour ses yeux
fixerait agréablement son attention
Si j'avais possédé quelque chose de
plus précieux, je l'eusse apporté dans
cette chambre ; enfin j'y traînai avec
peine la grande malle remplie de

hardes à l'usage d'une femme, et qui avait tant prêté à la plaisanterie de mes pauvres amis, bien éloignés d'en prévoir l'usage. Au moment où je sortais, le bout du cordon qui pendait encore à ma cloche, depuis que je l'avais rompu, frappa mes regards; je me hâtai de lui en ajuster un nouveau; c'était me dire que le pacte social venait de renaître pour moi.

Après ces soins généraux, je crus devoir en donner quelques-uns à ma personne. Hélas! j'étais loin de songer à plaire : comment aurais-je eu la pensée d'y prétendre, quand j'ignorais jusqu'aux plus simples goûts de celle qui m'en aurait inspiré le désir? Je cherchais du moins à ne la point effrayer. Je donnai quelque attention à mes cheveux, dont on avait souvent vanté la beauté; je changeai de linge, et je m'habillai avec plus d'attention que je n'avais fait depuis long-temps.

Je n'oubliai pas sur-tout de chausse
de légers escarpins, qui devaient ajou
ter à la rapidité de ma course, si
nouvel Hippomène, j'eusse été dans l
cas de poursuivre ma belle Atalante

Ainsi équipé, et muni d'un peti
panier dans lequel j'avais mis quel
ques morceaux de chocolat, du sucre
des confitures sèches, et autres me
nues provisions, dont on devine l
destination, je partis pour recom
mencer mes recherches. Après u
moment de réflexion, je me rendi
d'abord au lieu du naufrage, dans l
pensée que ma compagne d'infortun
s'en serait peut-être rapprochée elle
même, pour voir s'il ne lui restait au
cune ressource du côté de la mer. M
conjecture se trouva juste; et quoiqu
l'étrangère ne fût plus en cet endroit
j'eus la certitude qu'elle s'y éta
rendue.

On se rappelle qu'au moment o

elle s'était offerte à ma vue, elle tenait à la main une petite tasse de coco. Lorsqu'elle se leva pour fuir, elle la laissa tomber à ses pieds ; j'avais très-bien remarqué l'endroit, et je l'y cherchai vainement. Or, comme j'étais assuré qu'il n'y avait pas, dans toute l'île, un seul être capable de déplacer le plus léger objet, je ne pus douter qu'elle-même ne fût venue la reprendre. Je tournai les yeux du côté où j'avais aperçu la veille un canot brisé ; le montant avait achevé de le détruire, et il en avait jeté les débris sur le sable.

Après avoir regardé attentivement autour de moi, et m'être reposé un moment sur ce même siége où j'avais vu pour la première fois ma belle dormeuse, je m'acheminai vers ce malheureux bois où il m'était si difficile de la découvrir. Au moment de m'y enfoncer, je pensai que les difficultés que j'y avais trouvées, existant pour

elle comme pour moi, ce lieu devait
lui servir de refuge, plutôt que de séjour, et que c'était ailleurs que je devais la chercher. Plein de cette idée, je
marchai le long du bois, sans essayer
de pénétrer dans son épaisseur, et je
me bornai à entrer dans de belles et
grandes clairières qui s'ouvraient d'espace en espace. On y voyait des fleurs
et des fruits en abondance; leurs
pentes étaient traversées par un petit
filet d'eau fraîche et vive; et si quelque être humain était errant dans
cette contrée, c'était dans un lieu semblable qu'on devait espérer de le ren-
contrer. Mais de quel côté porter mes
pas? Dans cette incertitude, je marchais au hasard, m'arrêtant où il me
semblait qu'on eût dû s'arrêter; je
cherchais quelque trace humaine; par-
tout je n'avais devant moi que la nature abandonnée à elle-même, et pro-
diguant les dons les plus riches, sans

qu'une main secourable se fût jamais
présentée pour en alléger le fardeau.

Je marchais depuis long-temps,
forcé d'admirer les beautés qui s'offraient sans cesse à mes regards, et
désespéré de ne point trouver ce qui
m'intéressait uniquement, lorsque je
vis à mes pieds un rameau chargé de
fleurs. Quoiqu'il fût exposé à un soleil
brûlant, les fleurs et les feuilles avaient
encore conservé toute leur fraîcheur,
signe assuré qu'il était détaché de
l'arbre depuis peu de moments. L'air
était trop tranquille pour qu'un coup
de vent l'eût abattu, et il n'y avait que
des oiseaux dans l'île. Encouragé par
cette découverte, je suivis la même
direction, et bientôt je trouvai des
indices d'un passage récent. Dans trois
endroits éloignés l'un de l'autre de
cent à deux cents pas, je reconnus sur
le gazon des places foulées, où l'on
avait dû s'asseoir le jour même.

Ces stations fréquentes augmentèrent mes inquiétudes. Déjà, je me figurais la pauvre créature se traînant péniblement, affaiblie par le besoin autant que par la souffrance ; et, dans cet état de détresse, il me semblait la voir tomber d'épuisement au pied de chaque arbre. Je pensais encore à cette blessure qui m'avait paru profonde, et que la vive course de la veille devait avoir envenimée. Eh quoi! me disais-je, dans un âge si tendre, avoir déjà connu la douleur! Alors, je me représentais cette infortunée souffrant de son mal, privée de toute espèce de soulagement, et passant dans les bois, après des journées brûlantes, les nuits si froides et si humides dans ces climats.

En proie à ces réflexions pénibles, je marchais tristement le long du bocage, prêtant l'oreille au moindre bruit, et regardant de tous côtés au-

autour de moi. Jusque-là je n'avais obtenu que des signes équivoques de la présence en ce canton, de celle que je cherchais ; j'en eus enfin une preuve certaine : je vis un tronc d'arbre de la grosseur du corps, dont l'écorce avait été enlevée en bande circulaire, sur une largeur de deux doigts. Un caillou tranchant qui avait servi à cette opération, était encore au pied de l'arbre. Je cherchai en vain ce qui avait pu déterminer à un travail fait avec soin, un être qui devait naturellement donner tous ses moments à sa conservation et à sa sûreté. Peu de jours après, j'en appris le motif ; combien il eût ajouté à mon inquiétude, si je l'eusse connu alors !

Le soleil se coucha sur ces entrefaites ; je regagnai mon gîte, emportant pour consolation unique, la certitude que l'objet de mes recherches était existant, et qu'il n'était pas

très-éloigné. Avant de me retirer,
j'eus la précaution de déposer, dans le
lieu le plus apparent, mes petites provisions avec la corbeille dans laquelle
je les avais apportées. Quoique pressé
par le besoin, je ne pus me résoudre
à en retrancher la plus faible partie.
La destination que je leur avais donnée, m'ôtait jusqu'à l'idée d'en faire
usage pour moi-même.

La journée du lendemain ne fut
guère plus heureuse. J'eus d'abord le
chagrin de trouver au même endroit
le petit panier que j'avais placé à la
portée de celle que je voulais secou-
rir. Elle l'avait découvert cependant,
il était vide, et tout ce qu'il contenait
était épars sur le gazon, sans qu'on en
eût rien retranché. Je vis par-tout des
traces récentes du passage de ma pauvre compagne ; mais je ne pus l'apercevoir elle-même. Je remarquai avec
peine que le cercle de ses courses était

très-resserré, cette circonstance me donnant à croire qu'elle avait bien peu de forces, puisqu'elle se renfermait dans un espace si borné. J'en tirais cependant l'idée consolante qu'il me serait plus facile de la joindre, que si elle eût erré dans toute l'étendue de l'île. Vers le soir, je ramassai un fruit, d'une couleur jaunâtre et du volume d'une petite pomme, où ses dents étaient empreintes. Il ne me vint pas même à l'idée qu'il pût être dangereux, et je le mangeai avec délices. Le goût en était assez médiocre; il était seulement remarquable par une odeur de rose très-agréable. J'ai appris depuis, que ce même fruit, devenu délicieux par la culture, était très-connu dans toutes les îles de l'Asie, où on le nomme, *jambos*. Les botanistes, m'a-t-on dit, l'appellent *eugenia*, et ils en distinguent un grand nombre d'espèces.

Sept jours entiers se passèrent dans

des recherches pénibles autant qu'infructueuses. Deux fois cependant j'a-
vais aperçu ma belle fugitive à une
assez grande distance ; mais il m'avait
été impossible de l'approcher. Comme
elle ne marchait qu'avec peine, elle
se tenait très-près du plus épais du
bois ; elle s'y précipitait du plus loin
qu'elle me découvrait ; et, dans cette
retraite inaccessible, elle se jouait de
mes efforts. Le temps s'écoulait cependant sans que notre situation à
tous deux eût changé. L'espoir que
j'avais conçu d'abord s'éteignait par
degrés, et les réflexions les plus tristes
lui succédaient dans mon esprit.

C'est alors que je sentis toute l'é-
tendue de la faute que j'avais commise,
en laissant échapper une occasion qui
ne pouvait plus renaître. « Eh quoi !
» me disais-je, celle que je poursuis
» vainement, elle était en mon pou-
» voir ; il me suffisait d'étendre le bras

» pour la retenir, et je ne l'ai pas fait!
» J'ai craint de lui causer de l'effroi,
» ou plutôt j'ai redouté d'exciter en
» elle un sentiment qui pût nuire à des
» projets indignes de ma raison ; et,
» par des ménagements qui n'avaient
» que moi seul pour objet, je me suis
» exposé à des recherches sans terme !
» Cette jeune fille eût été effrayée
» sans doute ; mais, en supposant que
» je puisse jamais l'atteindre, cette
» impression est inévitable ; elle sera
» bien plus vive encore après une fuite
» aussi prolongée, qu'elle n'eût été dans
» le premier moment. Ah ! j'ai tout
» perdu, et ce qui est plus cruel en-
» core, j'ai tout perdu par ma faute ! »

A force de m'occuper du même
objet, je vins à penser que la marche
que j'avais suivie jusqu'à ce jour, était
précisément celle qui devait m'éloigner de mon but ; que je ne pourrais
espérer de réussir que par l'effet d'une

surprise, et qu'au lieu d'une pour-
suite à découvert, je devais me mettre
en embuscade, dans un lieu où il était
à croire que dût se rendre celle que
je brûlais d'atteindre. Transporté de
cette idée, que je regardai comme
une inspiration du Ciel, je formai mon
plan à l'instant même : quoiqu'il ne
fît pas jour encore, je partis sans différer pour le mettre en exécution,
bien convaincu qu'il ne serait cou-
ronné du succès, qu'autant que je ne
serais pas aperçu. Le soleil commençait à paraître au moment même où
j'arrivai sur l'emplacement que j'avais
choisi. C'était une belle clairière, mé-
nagée par la nature, dans la plus sombre épaisseur du bois. Elle était bor-
dée à son intérieur d'arbres chargés
de fruits de toute espèce, parmi lesquels il s'en trouvait sans doute quelques-uns connus de mon étrangère,
et qui devaient l'attirer en ce lieu.

Au centre de ce petit vallon, on aper-
cevait, parmi quelques arbres épars,
un palmier qui avait été renversé par
le dernier ouragan; ils couvraient tous,
d'une ombre légère, une herbe fine,
et touffue, dont un filet d'eau vive entretenait la fraîcheur. Je remarquai,
dans la bordure un buisson très-épais,
qui s'avançait comme un cap, et d'où
l'œil pouvait embrasser facilement
cette étroite enceinte. Ce fut là, que
je résolus de m'établir. Je coupai un
grand nombre de branches, que je pi-
quai en terre, dans les endroits les
moins garnis, pour rendre mon poste
impénétrable à l'œil le plus clair-
voyant; j'effaçai avec soin la trace de
mes pas; et le cœur palpitant à-la-
fois de crainte et d'espérance, je m'en-
fonçai dans cette embuscade, bien dé-
cidé à suivre avec constance cette nouvelle marche, jusqu'à ce que j'eusse
atteint mon but. Que cette manière

d'y arriver me semblait pénible! Outre ce qu'elle avait d'incertain, comme
elle répondait mal à la vivacité de mes
désirs! Vingt fois, malgré la résolution que j'avais prise, je fus sur le
point de sortir de ma retraite, pour
recommencer mes inutiles courses.
L'espoir d'un meilleur succès me re-
tenait seul à ma place; et l'impétuosité cédant alors au raisonnement, je
m'armais d'une patience toujours prête
à m'échapper.

Immobile, au milieu de ces pensées tumultueuses, j'attendais en silence que la Providence daignât jeter
sur moi un regard de pitié, et, par
mes ardentes prières, je m'efforçais
d'en hâter le moment. Déjà la plus
grande partie du jour était écoulée ;
je commençais à perdre tout espoir ,
lorsque tout-à-coup (le frémissement
me saisit encore quand j'y songe)
j'entendis à quelque distance, le bruit

que ferait une personne qui se fraye
une route au travers des branchages.
Oh ! comme le cœur me battit en
cet instant ! Ce bruit s'augmentait par
degrés. Je retenais mon haleine, dans
la crainte de me trahir par le plus léger mouvement. Enfin je la vis ! Elle
sortait du bois, près du buisson où
j'étais caché, se dirigeant vers l'arbre
couché par l'orage et qui se présentait
en travers devant moi, à environ
vingt pas de distance. Ce n'était plus
cette jeune fille que j'avais vue, huit
jours auparavant, fuir d'une course
si rapide. Tout en elle annonçait l'a-
battement ; sa démarche était lente,
pénible ; et elle traînait avec effort sa jambe blessée qu'elle avait
entourée de cette même bandelette
d'écorce dont je n'avais pu deviner la
destination. Son vêtement, qui, la
première fois que je l'avais rencontrée,
ne m'avait semblé qu'extraordinaire ,

était en lambeaux, et il ne m'offrait, en ce moment, que l'image du dénûment et de la détresse. Chose étrange! malgré cet état de souffrance, le plus grand soin se faisait remarquer dans sa chevelure; celle-ci était disposée en tresses entrelacées de fleurs écarlates, qui s'assortissaient parfaitement avec des cheveux du plus beau noir.

Arrivée jusqu'à l'arbre, elle s'assit sur le tronc, précisément en face du lieu où j'étais, et la tête tournée de mon côté. J'aperçus dans sa main cette petite tasse de coco, que je connaissais si bien. Après avoir regardé de tous côtés avec une extrême attention, et s'être reposée un moment, elle détacha la bande qui enveloppait sa jambe blessée, puis elle alla remplir sa tasse dans le ruisseau qui coulait à quatre pas, et reprenant sa première position, elle versait de l'eau goutte à goutte sur sa blessure ; s'efforçant de calmer ainsi la douleur qu'elle y ressentait.

Du fond de ma retraite, je suivais ses moindres gestes avec la plus grande attention, prêt à m'élancer vers elle, au premier moment favorable ; mais avant de faire ce pas décisif, j'avais de grandes précautions à prendre. En effet, quel que fût son état de faiblesse, à ma vue, la terreur pouvait lui prêter des forces ; et si, avant que je l'eusse atteinte, elle parvenait à gagner le bois, je sentais que je la perdais sans retour. Il fallait donc que je saisisse l'instant où, fortement occupée d'un objet quelconque, elle me laisserait sortir de mon réduit, et faire les premiers pas avant de m'apercevoir. Enfin ce moment arriva. Après qu'elle eut replacé avec beaucoup de soin cette bande d'écorce autour de sa jambe, elle regarda tris-

tement à ses côtés ; puis, réfléchissant
sans doute sur sa triste position, elle
baissa la tête sur ses genoux, et se
couvrit la figure de ses deux mains.
Je n'hésitai plus, j'écartai doucement
les branches qui s'opposaient à mon
passage , et m'élançant rapidement ,
je courus vers elle de toute ma vitesse,
j'avais franchi la moitié de l'espace
avant qu'elle eût levé la tête , et elle
était à peine debout au moment où je
l'atteignis.

Oh ! quel fut mon ravissement
lorsque je tins cette douce proie dan
mes bras ! avec quelle ardeur, quell
volupté je la pressais contre mo
sein ! Mon bonheur allait jusqu'
l'ivresse ; il fut bientôt troublé. Dè
l'instant qu'elle se sentit saisie, ell
jeta des cris affreux, dont les boi
retentirent ; en même temps elle fai
sait des efforts extraordinaires pou
m'échapper. La crainte de la bles

ser m'empêchait d'employer toutes mes forces , et ce ne fut qu'avec une peine extrême que je parvins à la retenir dans mes bras. Bientôt se sentant affaiblir , elle ménageait le peu de forces qui lui restaient , et après quelques moments d'une tranquillité feinte , elle tentait de se dégager par des secousses aussi brusques qu'elles étaient violentes. Pendant cette lutte pénible, je remarquai avec plaisir que la douce créature n'avait pas tenté une seule fois de me nuire , et qu'elle ne cherchait qu'à s'échapper , sans vouloir se servir contre moi de ces moyens de défense que les femmes ont toujours à leur disposition , lorsqu'on leur fait éprouver quelque violence.

Enfin , après s'être long-temps débattue entre mes bras , elle retomba tout-à-fait épuisée sur cet arbre où elle s'était assise , et là elle se mit à sangloter d'une manière déchirante,

Ses larmes ne coulaient pas, elles semblaient dardées du fond de ses yeux, et elles se succédaient avec une rapidité effrayante. J'étais debout devant elle, tenant toujours ses deux mains, et observant avec attention tous ses mouvements. Je me plaçai à ses genoux, je les pressai avec tendresse, et les couvris de baisers. Dans cette attitude, je levai les yeux sur elle. Combien je fus touché du changement que ses traits avaient souffert ! Elle était pâle, maigre ; à travers les misérables restes de son vêtement, je voyais sur son beau corps les traces sanglantes des épines dont elle avait été déchirée. Je ne pus résister à ce spectacle ; je la regardai avec attendrissement, et je sentis couler mes pleurs. A cette vue, les siens s'arrêtèrent tout-à-coup ; elle me regardait fixement ; un heureux instinct semblait lui dire que l'être sensible aux souffrances de son semblable, est incapable d'y ajouter encore.

Elle paraissait moins effrayée ; je tâchai de profiter de ce moment de calme, pour achever de la rassurer. Je m'assis près d'elle ; je passai un bras autour de sa taille, autant pour prévenir de nouvelles tentatives d'évasion, que pour jouir du bonheur de la presser contre mon sein. De l'autre main je pris la sienne, qu'elle m'abandonna sans efforts. Dans cette situation, je lui donnais les noms les plus doux, et quoiqu'elle ne pût m'entendre, l'inflexion de ma voix, la tendresse de mes regards, devaient lui faire sentir ce qu'il ne m'était pas possible d'exprimer autrement.

Alors elle se mit de nouveau à pleurer ; mais ses larmes étaient douces, quoique aussi abondantes ; elles coulaient sans effort, et elles n'avaient plus ce caractère qui m'avait tant effrayé ; je tirai un mouchoir blanc et fin que j'avais sur moi ; il me servit à lui presser légèrement les yeux, et à lui essuyer les joues. Elle le prit de ma main, et l'employa au même usage. Cette petite circonstance me causa un plaisir que je ne puis exprimer : il me semblait y voir un commencement de familiarité qui m'était d'un heureux augure.

Nous étions depuis quelques moments dans cette situation. Son affliction semblait diminuer insensiblement, et j'éprouvais une satisfaction inexprimable à la vue d'un changement que je n'avais osé espérer, lorsque je m'aperçus que le jour approchait de sa fin. Je mettais beaucoup d'importance à conduire ma compagne dans mon logis, avant qu'il fût tout-à-fait nuit. Outre l'effroi qu'elle éprouverait nécessairement en se voyant en mon pouvoir, pendant l'obscurité, je

n'étais pas sans inquiétude sur la difficulté que j'aurais à m'assurer d'elle
pendant la route, au cas qu'elle vou-
lût m'échapper encore. Sans quitter
sa main, je me levai, et la pressai d'en
faire autant. Elle me témoigna par un
signe qu'elle voulait rester dans le lieu
où elle se trouvait. Je la pris dans mes
bras, malgré sa résistance ; mais lorsque je l'eus mise en position de marcher, épuisée par les vives secousses
qu'elle avait éprouvées, la pauvre créature se trouva si faible, qu'il lui fut impossible d'avancer d'un seul pas. Je
voyais vaciller ses jambes mal affer-
mies ; et ses genoux qui s'entre-cho-
quaient fléchissaient sous elle. Alors
je n'hésitai plus sur le parti qui me
restait à prendre. Je la soulevai doucement pour la faire monter sur ce
même arbre qui nous avait servi de
siége, et la saisissant à la hauteur des
genoux, je l'emportai avec légèreté.

Je n'avais pas oublié de ramasser sa petite tasse de coco, qui composait toute seule son chétif mobilier. Dans cet état, elle était plus riche à mes yeux que l'infante de toutes les Espagnes. Quel heureux succès! J'en étais dans le ravissement. Quoi! celle que je désespérais d'atteindre, elle était à moi, toute à moi? Je la tenais dans mes bras! Assuré de ma conquête, je la portais avec orgueil. Mes désirs les plus ardents étaient comblés; l'avenir ne se montrait à moi que sous des couleurs plus séduisantes encore que celles du moment qui déjà suffisait à mon bonheur.

A peine eus-je fait quelques pas qu'à la débilité de ses mouvements et à l'abandon de sa pose, je connus l'extrême faiblesse de ma pauvre compagne; pouvant à peine se soutenir, dans la situation où je l'avais mise, la crainte de tomber la força de me pas-

ser un bras autour du cou ; et bientôt
elle inclina mollement sa tête sur mon
épaule. De temps en temps je tour-
nais les yeux vers elle, pour les repaî-
tre de ce tableau touchant ; et la joie
dont mon ame était enivrée, allégeait
mon précieux fardeau. Je marchais
d'un pas rapide ; quoiqu'il y eût au-
delà d'une demi - lieue de l'endroit
d'où j'étais parti jusqu'à mon habitation, et que la chaleur fût encore très-
vive , je fis ce trajet sans me reposer
une seule minute, tant l'exaltation ajoutait à mes forces. Je me hâtais d'autant plus , que je voulais arriver avant
la nuit , afin que ma compagne pût
voir le lieu où je la conduisais , et se
détromper de l'idée terrible que peut-
être elle s'en était formée. Quoique
mon toit fût rustique, il annonçait la
demeure d'un être civilisé , et il me
semblait que celle que j'y menais ne devait pas en connaître de plus brillante.

3.

Nous arrivâmes ; je la regardai avec attention, pour juger de l'impression qu'allait faire sur elle l'aspect de mon logis. D'abord elle n'en parut pas effrayée ; mais au moment d'y entrer, ses terreurs la reprirent de nouveau, et des sanglots entremêlés de cris aigus s'échappèrent violemment de sa poitrine. Elle se débattait dans mes bras avec tant de force que j'eus une peine extrême à la retenir. Il n'était plus temps de reculer. Quoi qu'il dût m'en coûter, je me déterminai à user de violence envers elle pour la dernière fois ; enfin je franchis le seuil de ma cabane ; malgré ses efforts et ses cris, je la portai dans la chambre que je lui avais préparée, et là, je la posai doucement sur le lit. Satisfait de la voir en ce lieu, je ne cherchai pas à arrêter ses pleurs ; il me semblait en effet que le parti le meilleur était d'attendre que le temps

et mes soins l'eussent entièrement ras-
surée ; je pris une chaise , je m'assis à
ses côtés , me contentant de tenir sa
main que je sentais trembler dans la
mienne , et je la laissai réfléchir en
paix sur tout ce que sa nouvelle position pouvait lui offrir de consolant.

Après une demi-heure passée ainsi,
ayant lieu de croire ma compagne
plus tranquille , je battis le briquet ,
j'allumai une bougie ; je la mis sur une
petite table où j'avais disposé à l'a-
vance tout ce qui était nécessaire pour
panser une blessure , puis , prenant
sans efforts ma pauvre malade entre
mes bras , je la plaçai en travers sur
le bord de son lit , et m'asseyant vis-
à-vis d'elle , je posai sa jambe blessée
sur mes genoux. Elle me laissa faire
sans témoigner le désir d'y apporter
aucun obstacle. Peut-être jugeait-elle
de mon intention ; peut-être aussi que
se sentant tout-à-fait en mon pouvoir ;

elle craignait de me résister. J'ôtai avec beaucoup de précaution cette bande grossière qui enveloppait sa blessure ; elle avait été trop serrée, de sorte que les chairs étaient rouges et très-enflées. Cependant, lorsque le mal fut à découvert, il me parut moins grave que je ne l'avais craint; et je ne doutai pas qu'avec du repos et quelques soins, il ne fût guéri en peu de jours. Après avoir bassiné la jambe fort légèrement avec de l'eau dans laquelle j'avais mis quelques gouttes de rum, j'y appliquai une compresse de linge assoupli, trempée dans le même mélange, et j'enveloppai le tout d'une large bande de toile que j'eus l'attention de ne serrer que très-peu. Ce pansement terminé, je replaçai ma malade dans sa première position ; je la couvris soigneusement, et je la laissai reposer. Quoique j'eusse pris la résolution de ne la point tourmenter

par des caresses importunes, après
l'avoir mise dans la position que je
croyais la plus propre à la rétablir de
ses fatigues, je ne pus me défendre
de lui donner un baiser sur le front ;
et quoiqu'elle fût tout-à-fait libre en
ce moment, elle ne fit aucun effort
pour s'y soustraire. Je repris ma place
à ses côtés ; je la regardais attentivement pour juger de l'impression que
faisaient sur elle tant d'objets nouveaux ; sa contenance était triste, mais
calme ; elle promenait des regards
tranquilles sur tout ce qui l'entourait,
et lorsque ses yeux rencontraient les
miens, l'altération subite de ses traits
montrait assez la crainte que je lui
inspirais encore. Je ne m'en alarmai
point ; je ne m'étais pas attendu à la
voir passer en un moment de la terreur à la confiance ; et je me trouvai
plus heureux que je n'avais espéré de
l'être après un début aussi orageux.

Pour l'instant, je ne formai plus qu'un seul désir, celui de voir prendre un peu de nourriture à ma compagne; je lui présentai successivement tout ce que j'avais de plus délicat; j'en goûtais devant elle, et je le portais ensuite à sa bouche ; de la main elle écartait faiblement la mienne, et si j'insistais, elle détournait la tête. Il ne m'étonnait pas qu'elle montrât de la répugnance pour toute espèce d'aliment ; mais elle devait être altérée, et elle refusa constamment un verre d'eau sucrée que je lui offrais. Cette opiniâtreté me désolait ; enfin, ne sachant plus qu'imaginer, je m'avisai de tirer de mon sein sa petite tasse de coco ; je la lui présentai, après l'avoir remplie ; elle la prit de ma main, la vida sans faire aucune difficulté, et elle me la rendit en souriant légèrement. Que de charmes je trouvai dans ce premier sourire ! jamais, non jamais l'impression ne s'en effacera en moi, elle durera dans toute sa force jusqu'à ma dernière heure !

C'en était assez pour un jour ; satisfait de cet heureux commencement, je ne songeai plus qu'à procurer à ma pauvre malade le repos dont elle avait un si grand besoin. J'éloignai la lumière, qui aurait pu troubler son sommeil, et je m'abstins de tout mouvement dans la chambre. Je l'entendis sangloter à plusieurs reprises ; je pus même m'apercevoir qu'elle tâchait de me dérober ses pleurs. Enfin, je la vis s'endormir. On n'imaginera pas avec quelle anxiété j'attendais cet instant ! Immobile au pied de son lit, je la considérai en silence. Il n'était rien en elle qui ne me révélât la plus vive agitation. Ses tressaillements, ses cris étouffés, ses soupirs douloureux, faisaient assez connaître que l'émotion qu'elle avait éprouvée dans cette jour-

née si pénible, se reproduisait avec
une violence nouvelle, pendant le
repos dont elle semblait jouir. Cet
état dura trois mortelles heures, au
bout desquelles, vers le milieu de la
nuit, un peu de tranquillité le rem-
plaça ; sa respiration fut plus libre, les
mouvements de son sein se succédèrent avec plus de régularité, et, en
peu de moments, tout en elle annonça
ce doux calme réclamé par la nature
affaiblie, et dont elle avait été si éloi-
gnée depuis son naufrage. Plus tranquille moi-même, après avoir marqué sur la muraille, avec un crayon,
l'heure et le jour de son entrée chez
moi (c'était, suivant mon estime, le
8 juillet de l'an de grace 1793, vers
les 7 heures 40 minutes du soir), je
m'assis doucement vis-à-vis d'elle ;
puis, rappelant à mon esprit tout
ce qui s'était passé jusqu'alors, et réfléchissant sur ma conduite, je jetai

un regard sévère sur moi-même, et
je m'examinai avec autant de rigueur
que si j'eusse été appelé au tribunal du
Souverain juge.

Dans tout ce que j'avais fait jusqu'alors, quelque exact que fût mon
examen de conscience, je ne voyais
rien que la délicatesse la plus scrupu-
leuse ne pût avouer. J'avais secouru
un être souffrant, en cherchant à rendre ma situation plus heureuse. La
simple humanité, le légitime amour
de soi-même me le prescrivaient également. A la vérité, les charmes de
l'objet m'avaient entraîné bien au-delà
de cette première intention ; mais,
quelle que fût la force de mon penchant, de ma passion même, puisqu'il
faut le dire, j'étais loin de m'en faire
un reproche. J'avais reçu de la nature l'ame la plus aimante ; l'éducation qui m'avait été donnée, ajoutait
encore à cette disposition ; et, depuis

l'âge de raison, ma vie tout entière n'avait été, pour ainsi dire, qu'une longue méditation sur l'amour. Quelque triste qu'eût été l'expérience que j'en avais déjà faite, je sentais que ce doux penchant était inséparable de mon être; que je ne pouvais vivre qu'en aimant; et, dans l'affreuse position où le sort m'avait précipité, la seule idée de voir s'anéantir en moi la plus précieuse des facultés, m'avait paru le dernier degré du malheur; un sentiment secret semblait me dire que, si un attachement mal placé avait causé mes peines, un cœur sortant des mains de la nature pouvait seul réaliser ces rêves de félicité qui, tant de fois, avaient charmé mes ennuis.

Mais si je m'abandonnais à la pente qui m'entraînait, où devait-elle me conduire, et quel était mon but ?

« Cette enfant est en mon pouvoir,

» me disais-je, et peut-être il suffirait
» d'un léger effort pour en triom-
» pher. Misérable victoire, qui n'a-
» boutirait qu'à de faciles et honteux
» plaisirs, et dont l'effet le plus cer-
» tain serait de nous dégrader tous
» les deux ! C'est à moi de choisir,
» ou de jouer le rôle abject d'un sau-
» vage, à qui le hasard fait rencon-
» trer une femelle de son espèce, ou,
» répondant aux nobles vues de la
» Providence, d'élever à ma hauteur
» celle qu'elle daigne m'accorder pour
» compagne et non pour esclave, de
» la pénétrer du sentiment de sa di-
» gnité, d'ouvrir ses yeux à la lumière,
» de la rendre chrétienne enfin ; et
» pourrait-elle le devenir sans la pra-
» tique de ces hautes vertus que Dieu
» donna pour base à sa sainte reli-
» gion ? Non, m'écriai-je avec trans-
» port, je n'hésiterai pas ! Au lieu de
» descendre jusqu'à elle, j'élèverai

» jusqu'à moi celle qui est appelée à
» partager ma destinée. Je l'instrui-
» rai de ses droits, de ses devoirs ; je
» ferai naître en elle le sentiment de
» la pudeur, s'il était possible qu'il
» lui fût étranger ; et, quoi qu'il puisse
» m'en coûter, loin de chercher à la
» corrompre, je la préparerai à une
» résistance digne de tous les deux.
» Plus tard, quand je l'aurai éclairée
» sur les dangers de la séduction,
» quand je lui aurai fourni les armes
» que le Ciel doit à sa jeunesse, alors
» peut-être je m'efforcerai de toucher
» ce cœur que j'aurai épuré ; et je
» pourrai, sans rougir, essayer d'a-
» mollir une vertu qui sera mon
» propre ouvrage. » Puis, regardant l'image de la sainte Vierge,
qui était placée au haut du lit : « Reine
» des anges, m'écriai-je dans un saint
» transport, Vierge adorable et sans
» tache, je jure devant vous, foi de

» digne Espagnol, de respecter l'in-
» nocence de cette jeune fille ; cou-
» vrez-la de votre sainte protection ;
» et puisse un de ces rayons qui en-
» tourent votre front auguste, péné-
» trer jusqu'au fond de mon cœur ! »

Satisfait de moi-même, après cette résolution courageuse, j'envisageai sans trouble celle qui en était l'objet. En ce moment elle fit un léger mouvement qui découvrit en entier son beau visage. Comme son sommeil était calme ! Quelle pureté céleste dans tous ses traits ! Qu'il était touchant ce caractère virginal empreint sur son front ! Je la regardai avec une satisfaction tranquille. Aucun désir que je dusse réprimer ne naissait dans mon sein. « Aimable enfant, disais-
» je à voix basse, ah ! repose en paix
» près de ton ami ; il ne veut que la
» conservation de ton beau corps, et
» le salut de ton ame ! »

La nuit était déjà très-avancée ; les fatigues du jour, celles des journées précédentes m'avaient entièrement accablé. Pour prendre un peu de repos, j'inclinai ma tête sur le lit, tout auprès des pieds de ma compagne ; et, dans cette posture, je jouissais avec délice d'une situation dont aucun retour fâcheux ne troublait la douceur. Le sommeil me gagna bientôt sans que je m'en aperçusse, je m'endormis même très-profondément ; et le soleil était levé depuis près de deux heures, quand il vint frapper mes paupières.

Qu'on juge de ma douleur, lorsque jetant les yeux sur le lit qui était devant moi, je ne vis plus celle que toute mon ame y cherchait ! Elle avait disparu ! Ma première pensée fut de regarder comme un songe tout ce qui m'était arrivé dans la soirée précédente. Les divers objets que j'aperçus autour de moi me convainquirent de cette triste vérité, que j'avais eu en ma possession ce que j'avais désiré le plus au monde, et que je l'avais perdu par ma faute. Oh! quelle fut ma douleur à cette idée! Avec quelle amertume je me reprochai ce fatal moment de repos! Quels regrets, quel désespoir! « Eh quoi! me disais-je, cette » entreprise, si bien conçue, si bien » suivie, si heureusement exécutée, » n'aura donc d'autre résultat que » d'éclairer sur mes moyens d'atta- » que celle que je voudrais fixer à mes » côtés, de la mettre en garde contre » toute espèce de tentative, et de la » rendre désormais inaccessible à tou- » tes mes démarches. » Je me levai plein de trouble et d'agitation ; au moment de sortir, je vis sa tasse de coco au même endroit où la veille je l'avais placée moi-même. Je m'étonnai qu'elle n'eût pas emporté ce petit meuble, qui

lui était si nécessaire. Cette circonstance, quoique peu importante en elle-
même, me donnait une ombre d'espoir.
Je franchis le seuil de ma porte, ne sachant de quel côté diriger mes pas ; et
je marchais au hasard, lorsqu'étant
arrivé jusqu'à cette rangée d'arbres
qui s'élevaient à quelque distance de
mon habitation, et d'où l'on découvrait une partie des terres dont elle
était entourée, je reconnus ma jeune
compagne du côté du ruisseau, qui
tenait une serviette à la main, et revenait d'un pas tranquille.

La joie la plus vive succéda à ma
peine. Quel heureux changement! Oh!
qu'il m'eût été doux d'en connaître la
véritable cause! J'ignorais tout ce que
je devais à cet instant de sommeil,
que je m'étais tant reproché ; je l'appris plus tard. En ce moment, je n'a-
vais pas besoin de cette idée pour me
trouver le plus heureux des hommes.

En effet, ce retour inespéré dissipait toutes mes inquiétudes, il détruisait jusqu'à celles que j'aurais pu concevoir à l'avenir. Dès cet instant je pris la résolution de ne plus contraindre celle qui était revenue à moi par l'effet de sa propre volonté, et de la laisser désormais maîtresse de toutes ses actions. Elle marchait sans peine quoique avec lenteur ; j'allai à sa rencontre, sans précipitation ; elle sourit en me voyant, et d'un ton plein de douceur, elle me dit : *Manoha tahio.* Il était impossible de se méprendre sur le sens de cette expression. En effet, j'appris peu après qu'elle signifiait *bonjour*, *ami.* Ces premiers mots qu'elle prononça restèrent fidèlement gravés dans ma mémoire, ils me devinrent chers. Jamais je ne manquai de m'en servir, chaque matin, en l'abordant ; et, par un échange qui me semblait rempli de charmes, je lui souhaitais le bonjour en sa propre langue , et elle me le rendait en espagnol.

Je lui donnai le bras pour la soutenir , et nous regagnâmes ainsi ma demeure, devenue désormais la sienne. Aussitôt qu'elle y fut entrée, elle alla s'asseoir sur le bord de son lit , et me tendant sa jambe blessée , elle semblait demander que je lui rendisse les mêmes soins que la veille. Je me mis sur-le-champ en devoir de la satisfaire. Lorsque je voulus dérouler la bande qui couvrait sa plaie , je vis que les compresses étaient tout humides ; ce qui me fit présumer que cette sortie qui m'avait tant inquiété, n'avait eu d'autre motif que le désir de prendre un bain dont apparemment cette jeune fille avait l'habitude. Il ne lui fut pas difficile de trouver le ruisseau que peut-être elle avait remarqué dès la veille , quand je la portai chez moi ;

et chaque jour, au lever du soleil, elle ne manqua jamais d'aller s'y baigner.

Sa blessure était dans le meilleur état ; l'enflure avait disparu, l'inflammation était considérablement diminuée, et la couleur vermeille des chairs annonçait une guérison très-prochaine. Je lui fis remarquer ce changement ; elle en témoigna de la joie ; j'en montrai beaucoup moi-même ; un coup-d'œil caressant m'apprit que ce sentiment ne lui était pas échappé, et qu'elle m'en savait gré. Lorsque le pansement fut fini et que j'eus posé l'appareil, je l'invitai par un signe à se tenir en repos ; elle se recoucha avec docilité ; et, profitant de ce premier moment d'une sécurité parfaite, je me disposai à lui préparer à déjeuner.

Je n'avais plus de sujet de défiance ; laissant ma compagne couchée paisi-

blement , je passai sans crainte dans
la première pièce du logis , autrefois
notre chambre commune ; là je fis du
feu , j'apprêtai en peu de moments
deux tasses de chocolat, puis les ayant
posées très-proprement sur un petit
cabaret des Indes , qui était resté
long-temps inutile au fond d'un coffre,
je retournai près de ma belle malade,
et je plaçai le tout devant elle ; bientôt je lui mis à la main une de ces deux
tasses de chocolat , en la pressant de
le boire. Au premier aspect, la couleur parut lui en déplaire ; elle fit
même un petit geste de dégoût, dont
je ne pus m'empêcher de sourire. Sans
insister davantage, je pris la seconde
tasse , et je l'avalai en sa présence.
Encouragée par cet exemple , elle y
porta les lèvres avec beaucoup de précaution ; mais elle l'eut à peine goûté,
qu'elle s'arrêta pour me faire un petit

signe de satisfaction ; puis elle vida la tasse lentement, et en s'y prenant à plusieurs fois.

Ce premier repas terminé, je me disposai à en offrir pour le soir un plus solide à ma compagne. Il ne me restait aucune espèce de provisions. Je tâchai de lui faire comprendre par signes de ne point s'inquiéter de mon absence, et je partis tenant à la main une corbeille que devait remplir cette Providence qui ne m'avait pas encore abandonné.

Quelle métamorphose autour de moi! la campagne me paraissait riante, l'air était plus vif, le ciel brillait à mes yeux d'un plus bel azur, la verdure et les fleurs avaient plus d'éclat. Ces tourterelles, dont les gémissements m'avaient si souvent importuné, ne m'offraient plus que de tendres oiseaux murmurant leurs amours ; j'aimais, et tout ce que je voyais me

semblait aimer ; j'étais heureux , et je
trouvais par-tout l'image du bonheur!
Je marchais d'un pas léger ; je m'arrê
tais par moments, pour jouir avec
recueillement de cette joie ineffable
qui amollissait, pour ainsi parler, tou
tes les parties de mon être. Que cette
situation était pour moi différente de
celle qu'une circonstance à-peu-près
semblable rappelait à ma mémoire! Un
parallèle entre toutes deux eût été une
profanation. Alors mon ame était en
proie aux désirs brûlants; le trouble
le vertige accompagnaient mes pas
la passion qui me dévorait étouffai
les reproches de ma conscience sans
pouvoir les détruire, et ce choc em-
poisonnait les plus doux plaisirs sans
me rappeler à la vertu ; tandis qu'aujourd'hui , calme , sans remords , je
me sentais élever au-dessus de moi-
même par une pensée céleste. Je m'i
maginais, ne plus tenir à la terre ; je

me croyais affranchi de l'empire des sens. C'était trop présumer de mes forces : combien j'étais loin encore de cette victoire, qui me paraissait alors si facile !

Cependant je parcourais la grève pour y ramasser avec soin les coquillages les plus délicats. Je suivis la côte, me dirigeant vers un groupe de cocotiers dont j'avais coutume de cueillir les fruits à l'époque de leur maturité; je savais qu'ils étaient encore en lait en ce moment, et je désirais vivement offrir à ma compagne un breuvage aussi doux que salutaire. Tout occupé de cette idée, après un quart d'heure de marche, j'eus le chagrin de reconnaître la difficulté de me procurer ce que je souhaitais. Ces arbres étaient trop élevés pour que je pusse y atteindre, et, par malheur, j'avais oublié de prendre une hache pour en abattre un à mon choix. La Provi-

dence vint encore à mon secours : a
rivé sur les lieux, je vis avec plais
que le plus grand de ces cocotie
avait été renversé par la dernière ter
pête ; ses racines tenaient encore à
terre assez pour qu'il pût mûrir s
fruits, et je n'eus que la peine
choisir les plus beaux. A quelqu
pas de là, je trouvai une petite tort
que je destinai à faire la pièce prin
pale du festin que je voulais apprête
Enfin, en revenant le long du bois,
pris deux jeunes pigeons dans leur ni
C'en était assez pour cette fois, et
me hâtai de regagner mon habitatio
Il y avait près de trois heures que j'
étais sorti. A mesure que j'en appr
chais, je ne pouvais me défendre
quelques mouvements d'inquiétud
J'avais laissé ma compagne en tou
liberté, et je craignais qu'entraîn
par un premier penchant, elle ne
fût échappée. A peine arrivé, j'all

avec précaution dans sa chambre. Elle dormait paisiblement ; je me retirai sans bruit, et je travaillai à préparer ce premier repas qui devait solenniser son installation dans ma demeure agreste.

Je mis quelques patates dans mon foyer : d'une moitié de la tortue j'obtins un bouillon assez restaurant, et je fis cuire l'autre moitié dans son jus, à la manière des matelots. Les deux pigeons furent grillés sur la braise. Au milieu de ces soins, de temps en temps je jetais un coup-d'œil dans la chambre voisine ; tout était prêt au moment où ma belle dormeuse se réveilla. Alors j'approchai la petite table de son lit, je la couvris d'une serviette blanche, n'oubliant aucune des choses qui constituent un couvert mis avec propreté ; puis je servis le potage, dans lequel trempait un biscuit de bord ; et, après avoir placé com-

modément ma compagne, je la pressai de manger, en lui en donnant moi-
même l'exemple. Elle s'y prit avec
plus d'adresse que je ne m'y étais attendu. J'ai su depuis, que l'habitude
de manger les aliments liquides au
moyen de coquilles lui rendait facile
l'usage de nos cuillers. J'apportai ensuite les pigeons et la tortue, servie,
selon la coutume, dans sa propre
écaille. Le dessert suivit de près; il
était composé de noix de cocos, de
confitures sèches et liquides, et de
quelques morceaux de sucre. Je voyais
avec surprise, chez une jeune fille sans
art, ces goûts délicats, ces manières
élégantes qui, dans tous les pays, ca-
ractérisent les femmes que la nature
semble avoir appelées plus particulièrement à plaire. Elle goûtait de tout
ce que je lui offrais, suçait un os de
pigeon, et touchait à peine à chaque chose ; son repas ne commença,

pour ainsi dire , qu'au moment où le mien finissait. Elle préférait le lait des cocos, les confitures, le sucre, aux aliments plus solides. Elle aimait aussi les patates , qu'elle paraissait connaître ; elle en mangeait avec toute chose, en guise de pain, ainsi que je le faisais moi-même. J'eus le désir de lui faire goûter du vin ; l'odeur seule lui en déplaisait ; elle ne voulut jamais boire que de l'eau pure.

Mais comment exprimer le bonheur que je ressentais, en me voyant assis près de celle que , vingt-quatre heures auparavant , je désespérais d'atteindre ? Quoi! cette jeune fille si craintive , si farouche , elle était là vis-à-vis de moi ! Bien plus encore, elle y était par sa propre volonté ; elle avait pu me fuir, et elle ne l'avait pas fait. Il lui était impossible de m'entendre ; mais la joie dont j'étais pénétré était peinte dans mes regards ; et les siens, au défaut d'autre langage, semblaient me dire que cette joie ne lui était pas indifférente.

Nous finissions notre repas, lorsque la nuit survint. J'allumai une bougie, j'écartai la table, et, après avoir mis de l'ordre dans mon petit ménage, je revins m'asseoir près de ma commensale, et je réfléchis sérieusement sur le parti que j'avais à prendre dans la conjoncture délicate où je me trouvais. Passerais-je la nuit dans cette même chambre, ainsi que je l'avais fait la veille, ou me retirerais-je dans celle qui me servait d'asile ? L'agitation que cette pensée seule excitait en moi décidait de la question. Je ne sentais que trop jusqu'où l'égarement pouvait m'entraîner pendant l'obscurité, dans ces moments où l'imagination acquiert de nouvelles forces, dont trop souvent elle abuse, et où la pudeur la plus facile à s'alarmer est quelquefois réduite au silence. Ma présence était nécessaire la veille ; rien ne pouvait la justifier désormais. Si je restais près de cette jeune fille pendant cette nuit, j'y resterais nécessairement la nuit suivante. Je ne pouvais la sauver et me sauver moi-même, que par une résolution aussi ferme que prompte ; je la pris, non sans soupirer. Je m'approchai d'elle, et je l'embrassai avec une tendresse que le regret de la quitter rendait plus vive encore. Je laissai une lumière dans sa chambre, dont je ne fermai pas la porte, afin d'être prêt à voler à elle, si elle avait besoin de mon secours ; et je passai tristement dans mon réduit. Bientôt j'éprouvai cette satisfaction intérieure qui suit toujours une action louable. Je m'endormis profondément ; aucun retour fâcheux sur moi-même ne troubla mon repos ; et je me réveillai avec cette idée consolante, que j'avais rempli mon devoir dans toute son étendue.

Le jour commençait à poindre, lorsque j'entendis ma compagne sortir de la maison ; je ne m'en mis point en peine, ne doutant point qu'elle n'allât prendre son bain accoutumé. Je ne m'étais pas trompé ; elle rentra après une petite demi-heure, et se mit au lit en arrivant. Je m'étais levé dans l'intervalle. Je m'approchai d'elle ; et, avec un frémissement de plaisir, je lui donnai le baiser du matin. Qu'elle était belle en ce moment ! Non, Vénus sortant de l'onde n'avait pas plus d'éclat et de fraîcheur.

Je me disposai à panser sa jambe malade ; les soins, le repos, et plus encore la pureté de son sang, avaient suffi pour guérir le mal presque entièrement ; il n'y avait à la place qu'un peu de rougeur, et une peau délicate et légère, qu'il suffisait de garantir de toute espèce de contact; car la cicatrice était formée, et je me contentai de l'entourer d'un linge, sans autre appareil. Tranquille sur ce point, j'eus à m'occuper d'un nouvel objet, qui me jeta dans un grand embarras. Je voulais donner des vêtements à ma pauvre compagne; elle en avait le besoin le plus pressant; mais il ne suffisait pas de les lui donner, il fallait encore lui en montrer l'usage, ou plutôt, il fallait l'habiller moi-même de la tête aux pieds, au moins pour une première fois. Quelle entreprise! Tout mon cerveau se troubla à cette idée. J'eus un moment la pensée de différer jusqu'à la nuit, cherchant à me persuader que ce que je ne verrais pas, ferait moins d'impression sur mes sens. Je me ravisai bien vite, certain que l'obscurité serait plus dangereuse pour tous deux que la clarté du jour. Après bien des

4*

hésitations, j'allai, d'un pas chance-
lant, prendre une chemise que je dé-
ployai, et je la plaçai devant elle. J'é-
tais déterminé à me retirer, si elle en
eût deviné l'usage ; et cependant, par
une inconséquence dont je me fis
un reproche, je désirais avec ardeur
qu'elle eût besoin de mon secours.
Elle était loin de pouvoir m'épargner
cette épreuve ; elle déploya la chemise, la regarda avec attention, et
elle me la rendit. Alors je pris mon
parti : après avoir placé ma compagne
sur son séant, je passai derrière le
chevet du lit, et j'ôtai avec précaution
le lambeau de vêtement qui la gênait
beaucoup plus qu'il ne la couvrait.
Oh ! comme le cœur me battait !
Quel fut mon trouble à la vue de ce
corps si parfait ! Mes mains frémis-
saient de volupté en l'effleurant ; et,
dans un transport involontaire, je ne

pus me défendre de baiser ces belles épaules que j'avais sous les yeux. Au moment où mes lèvres y touchèrent, un trait de feu passa rapidement dans tout mon être, et mon sang bouillonnait dans mes veines. J'allais me perdre, lorsque, rappelant ma raison un instant égarée, je me hâtai d'achever ce que j'avais commencé. Quand elle eut connu mon intention, elle me seconda avec adresse ; et, sans que je m'en aperçusse, elle se débarrassa de son petit jupon, qu'elle laissa dans le lit.

Ce grand pas fait, le reste offrait moins de péril. Je lui tirai du lit les jambes l'une après l'autre ; je lui mis des bas de soie blancs ; je la chaussai d'un petit soulier, qui se trouva par bonheur à la mesure de son pied. Ensuite, l'aidant de la main, je l'invitai à descendre de sa couchette. Alors je lui passai un jupon de mousseline. Souvent je m'y prenais mal, j'étais obligé de recommencer ce que j'avais cru bien faire d'abord. Plus d'une fois je me perdis dans cette multitude de cordons, que j'attachais tout de travers, et l'ouvrage n'avançait guère. Enfin, le jupon arrangé, je la fis entrer dans un petit corset de basin, et il fallut encore que j'y enfermasse moi-même le plus beau sein du monde. Avec quelle précaution, quelle lenteur je formais ces nœuds, que je craignais toujours de trop serrer! Quelle épreuve! Qu'elle fut cruelle à soutenir! Qu'on se représente cette jeune fille debout devant moi, presque entre mes jambes, levant la tête, avançant la poitrine, se tournant à droite, à gauche, vue de face ou de profil, se prêtant à mes désirs avec toute la candeur de l'innocence, et me montrant, sous tous les aspects, les formes les plus séductrices. Elle, l'air calme et satisfait ; moi, troublé, baissant les yeux, la contenance embarrassée, et portant sans doute sur mon front les signes extérieurs de cette modestie que la nature semblait lui avoir refusée, mais dont le germe n'attendait que le moment d'éclore. Je me hâtai de mettre sur ce corset, si difficile à ajuster, un grand fichu des Indes ; l'extrême chaleur qu'il faisait alors, ne lui eût pas permis de supporter d'autres vêtements. Elle me regardait faire avec beaucoup d'attention, et j'avais soin de lui montrer la manière dont je m'y prenais pour mettre en place chaque partie de son ajustement. Je m'imaginais avoir fini ; j'étais loin d'avoir tout prévu ; l'article des jarretières me fit encore monter le feu au visage ; je m'en tirai mieux que je n'eusse osé l'espérer, et je fus assez content de moi.

La toilette faite, j'allai chercher un petit miroir qui était dans mon nécessaire, et je le mis devant elle. Quelle joie vive et pure ressentit l'innocente créature, en s'y regardant! Ah! son ravissement n'égala pas le mien, quand je la vis sourire à sa propre image! Qu'elle avait de charmes dans cet habillement si modeste! Que de grace, que d'élégance dans ses moindres mouvements! J'étais debout, vis-à-vis d'elle, jouissant avec délices de ses transports naïfs; mes sens étaient calmes, mon ame était tranquille. En ce moment, je l'atteste, je ne formais pas un seul désir que l'innocence ne pût avouer.

Bientôt elle s'aperçut qu'il manquait quelque chose à sa parure; elle sortit, en me faisant entendre, par un geste expressif , qu'elle n'irait pas loin , et qu'elle ne tarderait pas à revenir. Je la laissai s'éloigner ; ma confiance était parfaite , et je n'eus pas même l'idée de la suivre. Elle revint après quelques moments , tenant à la main un faisceau de ces mêmes fleurs écarlates que j'avais remarquées sur sa tête, il y avait deux jours [1]. Alors

[1] J'avais mis quelques rameaux de ces fleurs dans un livre de prières, où je les retrouvai à mon retour en Europe. J'en envoyai un échantillon à l'abbé don Antonio de Cavanilles , directeur du jardin botanique de Madrid. J'ai appris de lui que cette plante , déjà connue, est appelée *Erythrina-Corallodendron.* A ses fleurs , du rouge le plus éclatant, succèdent des graines de même couleur, dont on fait des colliers et des bracelets qui servent de parure habituelle aux jeunes créoles.

L'Erythrina croît dans toutes nos îles d'Amérique et d'Asie ; je m'en suis procuré quelques pieds que je cultive avec grand soin. Cette

elle se mit à arranger ses cheveux,
qu'elle avait lavés avec soin, en prenant son bain du matin, et qui étaient
encore flottants sur ses épaules. Cette
fois je fus seulement spectateur ; j'admirais son adresse à faire de sa longue chevelure des tresses légères,
entrelacées de ces belles fleurs. Les précautions les plus minutieuses étaient
employées pour donner à ce travail
le dernier degré de perfection ; et
je ne pus m'empêcher de sourire,
en la voyant dénouer à trois reprises
une tresse qui n'allait pas selon sa
fantaisie.

Lorsque l'ouvrage fut terminé à sa
satisfaction, elle se regarda de nouveau dans le miroir, avec une sorte

fleur fait le plus bel ornement de mes jar-
dins ; ce n'est pas ce qui me la rend chère.
(*Note de l'Auteur.*)

de complaisance ; puis, se tournant
vers moi, elle semblait réclamer, par
un sourire plein d'expression, le tri-
but d'éloges qu'elle sentait lui être dû.
Mes regards le lui donnèrent pleinement, et nous nous entendîmes sans
nous être parlé.

C'est alors que, contente d'elle-même, guérie de sa blessure, dégagée
de toute espèce de crainte, elle se
montra à moi telle qu'elle était en effet,
unissant la beauté d'un ange à la gaieté
douce et folâtre d'un enfant, et parais-
sant envisager sans inquiétude l'avè-
nir qui lui était réservé.

Enfin j'avais atteint mon but ! mes
vœux les plus ardents étaient comblés. J'avais cessé d'être seul dans
l'univers. Bien loin de là ! le Ciel
venait de m'accorder ce que dans
le délire d'une imagination roma-
nesque je n'eusse pas même osé lui de-

mander. Mais l'excès même de ses dons me montrait l'étendue de mes devoirs ; et une voix secrète semblait m'avertir que le bonheur m'échapperait sans retour, dès lors que je m'en serais rendu indigne.

QUATRIÈME PARTIE.

Me voilà donc, à l'âge de vingt-six ans, pénétré de l'amour le plus tendre, plein d'ardeur et de désirs, tête-à-tête, dans une île déserte, avec une jeune fille, belle, craintive, et n'ayant pas même l'idée de la résistance. Quelques charmes que j'eusse trouvés dans sa possession, je sentais qu'une victoire due à l'ignorance, ou à la seule impulsion de la nature, ne m'eût offert que des plaisirs imparfaits. J'aimais, et je désirais être aimé ; mais ce sentiment, que je voulais inspirer, ne pouvait me satisfaire qu'autant qu'il serait libre, indépendant, et

dégagé de toute ombre d'assujettisse-
ment. Je n'étais pas assez vertueux
pour ne pas souhaiter que celle que je
chérissais se donnât à moi ; mais je
voulais qu'elle ne cédât que par amour,
et qu'elle connût toute l'étendue du
sacrifice qu'elle aurait à me faire. Enfin, puisqu'il faut le dire, je voulais
inspirer à ma jeune élève tout juste autant de vertu que j'en pouvais vaincre,
et ne l'instruire de ses devoirs que
pour l'en détourner plus tard.

Quels que fussent mes projets éloignés, ils ne changeaient rien à la conduite que j'avais à tenir pour le moment ; je me décidai, sans hésiter, à
instruire l'élève que le Ciel venait de
me confier, de toutes les obligations
que lui imposaient la religion et la
décence.

Quelle entreprise, et quelles difficultés dans l'exécution! Non-seulement
il fallait donner à mon écolière les

premières notions de la modestie ; je devais encore en observer les règles avec la plus rigoureuse exactitude , et joindre sans cesse l'exemple au précepte , sous peine de voir détruire sans retour ces voluptés dont la perspective me ravissait. Un seul moment de faiblesse , et le charme s'évanouissait. Je perdais le droit de parler de vertu , dès-lors que j'en aurais manqué moi-même ; des plaisirs grossiers remplaçaient cette union des ames qui devait en préparer une plus douce encore ; et déchu du rang où j'aspirais à me placer , je n'étais pas même un amant vulgaire.

Le premier point était de s'entendre, et de substituer la parole à ces gestes souvent équivoques, par lesquels deux êtres de sexe différent ne se comprennent que trop bien. Je mis la main sur mon sein, en prononçant à haute voix le nom *d'Alphonse ;* puis la reportant sur ma compagne, je dis de même, *Marie*. C'était le nom de ma vertueuse mère ; c'était celui de cette Reine du Ciel, protectrice de l'innocence ; sous l'un et l'autre rapport, il ne pouvait que me rappeler à la raison, si j'étais tenté de m'en écarter. Mon élève comprit très-bien ce que je voulais lui dire, et mettant de même la main sur elle et sur moi tour-à-tour, elle répéta plusieurs fois, *Marie, Alphonse*. Je fis un signe d'approbation, et cette physionomie si mobile s'anima tout-à-coup d'une expression charmante de contentement qui annonçait à-la-fois le désir de me comprendre et le plaisir d'avoir réussi. C'était le soir : je pris congé d'elle, et je me retirai dans ma chambre. Qu'on juge de mon émotion, lorsque, le lendemain matin, au moment où j'allais passer chez ma compagne, j'entendis sa douce voix prononcer mon nom!

Je volai vers elle, je la serrai dans mes bras avec tendresse, et je sentis les siens me presser timidement. Oh! combien l'obligation que je m'étais imposée me parut pénible en ce moment! J'y fus fidèle cependant, et ce premier succès me donna quelque confiance pour l'avenir.

Je ne tardai pas à donner à ma compagne de véritables leçons ; je lui montrai le ciel, la terre, le soleil, la mer, et je lui en dis le nom en espagnol; puis, descendant à de moindres objets, je lui nommai le feu, l'eau, la maison, la pendule, dont je lui indiquai l'usage ; enfin cédant, pour un moment, à la pente qui m'entraînait, je touchai doucement ses yeux, sa bouche, son front, ses beaux cheveux, et je lui appris à les nommer. J'aurais pu faire cette démonstration sur moi-même: l'idée ne m'en vint pas,

Aussitôt que mon écolière avait ap-

pris le nom d'un objet quelconque ,
en espagnol , elle ne manquait pas de
me le désigner en sa propre langue ,
et, à son tour , elle insistait pour que
je le répétasse après elle. Sans doute
elle avait autant de droits à me faire
parler son langage , que j'en pouvais
avoir à lui apprendre le mien. Mais
je crus que ce double travail ne pouvait que m'écarter de mon but ; en
outre , les hautes vérités dont j'avais
à instruire ma jeune élève , ne pouvant être exprimées dans son idiome,
je ne songeai qu'à le lui faire oublier,
et je feignis de n'avoir pas saisi son
intention. J'eus bientôt lieu de m'ap-
plaudir du parti auquel je m'étais arrêté ; lorsqu'elle vit que je persistais à
ne la point entendre , elle redoubla
d'efforts pour m'entendre elle-même.
Sa mémoire était admirable ; elle
n'oubliait jamais le mot que je lui
avais enseigné ; et la faculté de com-

prendre semblait dépasser encore en elle la faculté de retenir. Cette heureuse flexibilité qui n'appartient qu'à la première jeunesse, lui permettait de saisir jusqu'aux nuances les plus délicates de la prononciation. Bientôt j'eus l'espoir d'établir des entretiens suivis avec celle à qui j'avais tant de choses à dire, et de qui j'en avais de si importantes à apprendre.

Quoique ce travail demandât la plus grande partie de notre temps, aucun des soins du ménage n'était négligé. Ma compagne montrait un si grand désir de se rendre utile, qu'il fallut enfin la satisfaire. Je la chargeai d'apprêter le chocolat pour le repas du matin. Je lui appris à faire son lit, à ployer et ranger ses vêtements, à mettre de l'ordre dans sa chambre, ainsi que dans celle qui nous était commune, sans souffrir qu'elle prît cette peine pour ce qui m'était personnel.

Ainsi notre ménage se monta insensiblement selon l'ordre naturel.
Marie avait le détail de l'intérieur,
tandis que j'étais chargé des travaux
du dehors. Je soignais mon champ,
je fournissais les provisions de toute
espèce, j'allais au bois, à l'eau, etc.
Pendant les premiers jours, c'était
moi seul qui apprêtais nos repas ; ma
compagne voulut encore partager
cette peine ; je ne m'y opposai point,
dans l'espoir que les mets qu'elle aurait aidé à préparer, seraient plus à
son goût. En effet, elle me montra
plusieurs manières d'accommoder les
patates et le poisson, qui les rendaient
beaucoup plus agréables ; et la première fois que nous sortîmes ensemble, elle me fit connaître une plante
grimpante, dont le fruit, semblable
à un chaton de coudrier, avait le goût
du meilleur poivre. Nous en fîmes
depuis un usage habituel ; il était très-

sain, et pouvait, à lui seul, rempla-
cer toutes les épices.

Je m'aperçus avec intérêt que Marie
savait plutôt comment les choses devaient être faites, qu'elle ne savait les
faire elle-même. Je me rappelai con-
fusément que, dans la plupart des îles
de la mer du Sud, les naturels étaient
divisés en deux classes très-distinctes :
l'une entièrement subordonnée, l'autre remarquable par la beauté des
formes, la blancheur de la peau, et
sur-tout par ce caractère de supério-
rité que donne à tous les êtres l'habitude du pouvoir. Je ne pouvais
douter que ma compagne n'appartînt
à cette caste privilégiée, et même
qu'elle n'y fût placée au premier
rang. Outre sa rare beauté, la finesse
de son teint, la douceur de ses mains,
qui prouvaient que jamais elle n'avait
été assujettie à un travail pénible, il y
avait dans tout ce qu'elle faisait je ne

5.

sais quelle gaucherie mêlée de graces,
qui eût étonné nos femmes les mieux
élevées. Venait-elle à commettre une
légère maladresse, elle n'en paraissait
ni surprise, ni fâchée. Elle me regardait en riant ; je riais à mon tour ; et,
avec une aimable vivacité, elle se hâtait
de réparer sa faute.

Avec quelles délices je voyais les plus
secrètes pensées se peindre sur cette
physionomie si pure ! De même, elle
devinait les miennes par mes regards ;
et nous nous entendions déjà, avant
de pouvoir nous comprendre.

Il y avait près d'un mois que mon
sort était changé. Chaque jour, je
trouvais de nouveaux charmes dans la
société que le Ciel m'avait accordée.
Ma chère Marie se montrait de plus
en plus attentive, soigneuse, empres-
sée. Si je sortais, j'étais certain, à
mon retour, de la trouver m'atten-
dant au pied des arbres qui étaient

devant notre demeure. Elle accourait
à ma rencontre, dès qu'elle m'aper-
cevait; et nous revenions ensemble,
en nous exprimant par d'innocentes
caresses le plaisir que nous avions à
nous revoir. Souvent, quand, par
exemple, entraîné à la recherche des
coquillages sur la grève, ou des fruits
dans les bois, je tardais à rentrer au
logis, elle se plaisait à balancer cette
cloche dont je lui avais appris la destination. Chaque fois que le son ar-
gentin arrivait à mes oreilles, une
émotion délicieuse remplissait mon
cœur. Dans mon ivresse, je me disais
qu'il était au moins sur la terre un
être qui prenait intérêt à mon sort;
que, dans ce moment, cet être char-
mant songeait à moi, ainsi que lui-
même occupait toute ma pensée : j'é-
tais heureux ; et j'espérais l'être davantage. Déjà Marie commençait à se
faire entendre ; déjà notre intimité,

favorisée par de nouvelles communications, promettait de devenir encore plus douce, lorsque tout-à-coup une crainte affreuse vint me saisir.

Un matin, Marie me parut abattue ; elle appuyait fréquemment la main sur son front, et elle restait ainsi dans l'attitude d'une personne qui souffre. J'attribuai son état à la chaleur qui était excessive, et je l'empêchai de faire tout mouvement qui pût la fatiguer. Elle laissa passer l'heure du dîner sans prendre d'aliments ; le soir, à l'instant où je m'apprêtais à lui présenter quelques mets que je savais lui être agréables, une pâleur imprévue vint altérer son visage ; à cet aspect, le plat que je lui offrais fut près de m'échapper ; je me levai, plein de trouble ; je lui pris la main ; elle était froide et tremblante. Bientôt une forte fièvre se déclara. Je portai ma pauvre Marie jusqu'au bord de son lit, et l'ayant couchée avec une extrême difficulté, je m'assis près d'elle, livré aux plus sinistres réflexions.

L'accès dura pendant la plus grande partie de la nuit; enfin il se calma à l'approche du jour; ma languissante amie s'endormit; et quoique son sommeil eût été agité, elle se réveilla plus tranquille. Je l'engageai à se lever; sa faiblesse était telle, qu'elle ne put y parvenir sans mon secours; pour condescendre à son désir de prendre l'air, je la conduisis lentement à quelques pas de mon logis; et, dans ce court trajet, elle fut forcée de se reposer plusieurs fois. Sa pâleur, son abattement faisaient un contraste pénible avec cette vivacité qui m'enchantait encore la veille. Elle mangea peu; la journée n'offrit rien d'inquiétant, et la nuit fut meilleure que la précédente; je passai cette dernière auprès d'elle. J'avais

porté un matelas dans sa chambre ; je
m'y reposai tout habillé, me relevan
à chaque instant, pour juger de l'état de
ma pauvre malade. Souvent elle m'ap-
pelait : alors je m'asseyais sur le bord
de son lit ; elle me tendait la main
et je passais ainsi des heures entières
satisfait de la voir, d'être près d'elle
d'épier ses moindres désirs. Oh
quelles prières ardentes j'adressais au
Ciel pour sa guérison !

A cette nuit pénible et douce en
même temps, succéda une journée qu
diminua mes inquiétudes. Marie me
parut moins abattue ; le retour de se
forces lui permit de se lever seule
même d'aller prendre son bain accoutumé, et nous déjeunâmes ensemble
Elle dîna de deux œufs de pigeon. Je
la croyais guérie, lorsque le soir, précisément à la même heure où il s'étai
déjà manifesté, le frisson la saisit plu
violemment encore que la première

fois. Quelque peine que j'en ressentisse, je la sentais s'alléger par l'idée que ce mal, qui s'était annoncé d'une manière si menaçante, était une simple fièvre d'accès ; maladie qui pouvait être longue, mais qui du moins n'offrait pas un danger imminent. Je n'avais pas de médicaments à ma disposition ; eussent-ils été sous ma main, j'aurais redouté de les appliquer au hasard. Je me déterminai donc à laisser agir la nature, et à la seconder par les plus tendres soins, dans l'espoir que la jeunesse, un sang pur, un régime attentif seraient plus efficaces que des remèdes toujours incertains.

A l'approche du troisième accès, ma pauvre amie se plaignit du froid qu'elle éprouvait, et elle prononça le mot de *feu*. J'en fis à l'instant ; et après l'avoir placée devant mon foyer, sur une petite chaise, je pris moi-

5*

même, près d'elle, un siége plus élevé.
Elle inclina sa tête sur mes genoux,
et insensiblement elle s'endormit dans
cette position. Après quelques heures
passées ainsi, le feu s'éteignit. La porte
était restée ouverte ; nous étions au
milieu de la nuit, aussi froide dans
ces climats que le jour y est brûlant.
Je n'osai me déplacer, dans la crainte
de réveiller celle dont le repos était
mon plus vif désir, comme il était son
premier besoin. Cependant, le froid,
qui commençait à se faire sentir, me
donnait de vives inquiétudes. Dans
cet embarras, je détachai ma cravate,
puis j'ôtai mon habit, ma veste, et
j'en couvris doucement ma chère malade. Que de charmes avait pour moi
cette situation ! La tête charmante de
Marie était posée sur mes genoux ;
ses longues tresses déployées, pen-
daient jusqu'à terre ; sa pâleur donnait à ses traits si purs un caractère

céleste. Je la contemplais avec une émotion douloureuse, que je n'avais pas encore ressentie, et qui cependant n'était pas sans douceur. Peu-à-peu le froid me pénétra, et j'étais glacé quand elle se réveilla. D'abord elle regarda les vêtements dont elle était couverte ; puis, voyant que c'étaient les miens, dont je m'étais dépouillé pour la réchauffer, et que je grelottais à mon tour, elle me prit la main, la serra entre les siennes, et me dit avec une expression angélique : « *Alphonse, bien bon pour Marie !* » C'était la première fois qu'elle exprimait une idée complète, en espagnol ; et cette idée était un sentiment de reconnaissance qui m'avait pour objet. « Oui, répondis-je d'une voix émue :

» *Alphonse toujours bon pour Marie,*
» *et Marie bien bonne pour Alphonse.*»
Malgré sa faiblesse, elle voulut elle-même me réchauffer. Elle ralluma le

feu, et prit de moi les mêmes soins que j'avais eus d'elle. Heureux échange, combien vous aviez de prix à mes yeux !

Cependant cette cruelle maladie poursuivait son cours. A chaque accès, je voyais décliner les forces de ma pauvre amie ; elle ne marchait plus qu'avec peine. Lorsque je la déterminais à quelque courte promenade, j'étais obligé de la porter dans mes bras à son retour ; et je voyais avec douleur que chaque jour ce fardeau devenait plus léger. Un soir, en l'aidant à se déchausser, je m'aperçus avec effroi qu'elle avait les pieds très-enflés. Je fis tous mes efforts pour lui cacher mon trouble. L'ayant mise au lit, je m'assis vis-à-vis d'elle, et la nuit entière fut employée à méditer sur les moyens de lui rendre la santé. A force d'y songer, je pensai que les nuits qu'elle avait passées dans les bois,

l'inquiétude, la mauvaise nourriture,
ou quelque intranspiration à la suite
de ses courses précipitées, devaient
être la cause première de sa maladie ;
et, par une conséquence de ce raisonnement, il me sembla que des forti-
fiants employés avec réserve ne pouvaient que produire un effet salutaire.
Bien pénétré de cette idée, je mis au
hasard quelques bâtons de cannelle à
infuser dans une pinte de vin d'Ali-
cante ; j'y joignis un peu de sucre,
pour rendre ce breuvage plus agréable, et j'osai en faire prendre à ma
malade deux petits verres dans la
journée. J'eus moins de peine à l'y déterminer que je ne l'avais craint ; la
confiance qu'elle commençait à avoir
en moi lui fit surmonter sa répugnance pour toute boisson fermentée.
Le lendemain, jour de fièvre, l'accès
fut presque aussi violent que de cou-

tume ; mais il dura moins long-temps
Encouragé par ce léger succès, j'aug
mentai la dose de moitié. L'accè
suivant diminua sensiblement. Bientôt ma pauvre malade eut du sommeil
et l'enflure commença à se dissiper
Cependant la fièvre se montrait en
core, quoique moins violente à chaqu
accès ; ils finirent par n'être marqué
que par un léger frisson, suivi d'u
peu de chaleur ; enfin, le dernier
plus fort et plus long que tous les au
tres, amena une transpiration abon
dante, et ma chère Marie entra e
convalescence. Je lui fis continuer l
même remède, dont je diminuai pro
gressivement la dose. Son teint repri
peu-à-peu son éclat ; elle retrouva de
forces, de l'appétit, et bientôt le sourir
reparut sur ces lèvres long-temps dé
colorées. Les ménagements les plu
suivis achevèrent de lui rendre l

santé ; et je pus jouir pleinement du bonheur d'avoir rappelé à la vie celle qui était l'arbitre de la mienne.

Quelle que fâcheuse qu'eût été la maladie de ma compagne, ce temps ne fut pas perdu pour son instruction. Je ne négligeais aucune occasion de lui apprendre à s'exprimer en espagnol. Son mal même, en amenant de nouvelles idées, lui donnait le besoin de les rendre, et dans cet état de souffrance, ses facultés morales semblaient se développer avec une rapidité toujours croissante. Avant de risquer une phrase, elle l'étudiait intérieurement. Le mouvement de ses lèvres me faisait connaître qu'elle s'apprêtait à parler. De même je recueillais mon attention, pour la mieux entendre ; et ce soin réciproque nous conduisait l'un et l'autre à cette association d'idées, qui est le premier besoin des êtres qui se conviennent.

Mais je retirai de cette situation un
avantage bien autrement important :
l'état dans lequel je vis tout-à-coup
tomber ma jeune amie, me la fit
considérer sous un autre aspect. Elle
n'était plus pour moi qu'un être souffrant, qui réclamait mes plus tendres
soins ; et ces idées de plaisir et de
volupté, qui me poursuivaient sans
cesse, firent place à des idées plus
nobles et plus généreuses. La longue
convalescence qui suivit sa maladie
fortifia encore cette disposition. Il se
joignait à tout ce que je faisais pour
elle je ne sais quel sentiment pater-
nel, très-différent de ce que j'avais
ressenti jusqu'alors. Mon ame s'épu-
rait, pour ainsi dire, dans ces communications tendres et graves à-la-fois.
Dans ces moments de souffrance où
j'étais forcé de mettre moi-même ma
pauvre malade au lit, le désordre de
sa toilette ne faisait plus la même im-

pression sur mes sens. J'étais trop touché du mal qu'elle éprouvait, pour que des pensées d'une autre nature se joignissent à ces pensées doulou-reuses ; je la voyais comme un frère voit une sœur chérie ; et je n'eus pas , dans ce long intervalle , un seul re-proche à me faire.

Après la guérison de Marie , lors-que cette réserve commença à dimi-nuer, et que je fus près de redevenir ce que j'étais si naturellement auprès d'elle, aussi tendre que passionné, un secours plus efficace me donna les moyens de combattre en moi des dis-positions dont je pouvais craindre les suites; et ce fut au ciel même que j'en fus redevable.

Depuis que je passais les nuits près de Marie , je ne manquais jamais de dire devant elle mes prières du ma-tin et du soir. Dans les premiers jours, absorbée par son mal , elle y fit peu d'attention. Lorsqu'elle commença à se mieux porter , et que son état lui permit d'examiner ce qui se passait autour d'elle, je m'aperçus que tandis que j'étais à genoux, elle se levait sur son séant , et m'observait avec soin.

J'ai toujours été persuadé qu'un acte de religion , dont on s'acquitte avec le recueillement et la dignité qu'il exige , inspire un respect involontaire à celui qui en est le témoin , ce dernier fût-il étranger à cette même religion. L'incrédule , si toutefois il en existe véritablement, ne peut s'empêcher d'être ému en voyant l'être qui, d'une ame ardente, s'élance vers l'auteur de tous les biens , qui l'invoque dans sa détresse , ou lui rend des actions de graces dans sa prospérité. Il sent que cet être est plus heureux que lui, quelle que soit leur position à tous deux ; et l'acte religieux qui le conduit à cette réflexion, peut lui devenir salutaire.

Or, si un homme sans religion est ébranlé parce qu'il s'efforce même de ne pas croire, quelle devait en être l'impression sur une jeune fille, simple, docile, dont le cœur pur était prêt à saisir toute pensée propre à le toucher, et qui semblait ne demander qu'à connaître pour aimer.

Lorsque la guérison de Marie fut décidée, et que je jugeai ne devoir plus passer les nuits près d'elle, je continuai cependant de dire mes prières dans sa chambre. Soit imitation, soit désir de faire quelque chose qui me fût agréable, soit plutôt l'effet d'une inspiration secrète, elle joignait les mains quand elle me voyait joindre les miennes, et elle se mettait à genoux, aussitôt que je m'y mettais moi-même. « Alphonse, me dit-elle » un soir, à qui donc parlez-vous

» ainsi? — Chère Marie, lui répon-
» dis-je, je remercie l'Être suprême
» de vous avoir rendu la santé, et je
» le prie de vous la conserver.—Mais,
» répliqua-t-elle, vous entend-il?—
» Il voit tout et il entend tout, dis-je.
» J'étais seul, je l'ai invoqué, et il m'a
» envoyé une compagne que je chéris.
» Lorsque sa vie a été en péril, il a
» exaucé mes prières, et elle a été gué-
» rie. C'est ce Dieu qui m'a inspiré
» la pensée de lui donner le breuvage
» salutaire auquel elle doit le retour de
» la santé. Il accorde tout à l'être qui
» l'adore et qui suit sa loi. — Je vou-
» drais bien le connaître aussi, dit-
» elle ; je lui demanderais de me con-
» server pour Alphonse, et de conser-
» ver Alphonse pour moi. Je voudrais
» encore qu'il l'empêchât de s'éloigner
» trop souvent. Quand je ne le vois
» plus, je suis triste et malade ; sa vue
» me réjouit et me donne des forces. »

O nature ! simplicité touchante du cœur, que tes effets sont puissants! Jamais, non jamais, je n'avais imaginé les délices que je ressentis en écoutant ces paroles. Je me serais précipité dans ses bras, si j'avais cédé au sentiment qui me transportait. J'eus la force d'y résister. Le sujet de notre entretien était trop grave, pour être perdu de vue. « Ma bien-aimée, dis-je
» avec émotion, tu le connaîtras ce
» Dieu qui commande à toute la na-
» ture. Nous le prierons ensemble, et il
» nous entendra, et il nous conser-
» vera l'un pour l'autre. — Hélas !
» dit-elle tristement, comment pour-
» rait-il m'entendre ? Je parle si mal
» encore. — Ma chère, répondis-je,
» sa puissance est si grande, qu'il lit
» dans la pensée. Il dédaigne le vain
» arrangement des paroles ; un élan
» intérieur, un simple regard au ciel,
» lui suffisent, dès lors qu'on ne peut

» s'expliquer autrement ; et sa bonté
» accorde à la seule pensée, ce qu'il
» refuserait aux prières les plus élo-
» quentes, alors qu'elles cachent un
» mauvais sentiment. Prie-le, ma
» chère Marie, supplie-le de t'éclai-
» rer, et tu éprouveras bientôt l'effet
» de cette bonté. Demain je t'expli-
». querai ce que tu ne comprends pas
» encore. » C'était l'heure du repos ;
je la quittai, et la laissai méditer sur
ces grandes idées.

Le lendemain je la trouvai pensive ;
son premier soin fut de me rappeler
la promesse que je lui avais faite la
veille. « Oui, dit-elle, le Dieu d'Al-
» phonse doit être bon comme lui ;
» c'est celui-là que je veux connaître
» et adorer. —Viens, ma bien-aimée,
» répondis-je avec tendresse, viens
» entendre de la bouche de ton ami
» ces vérités saintes, que Dieu lui-
» même daigna révéler aux hommes

» pour leur bonheur et pour sa
» gloire. »

Alors je la pris par la main, nous allâmes à quelques pas nous asseoir au pied d'un grand arbre ; et là, à côté l'un de l'autre, je lui donnai les premières notions de cette science sublime, autant que simple, qui, d'un être plongé dans d'épaisses ténèbres, devait faire en peu de temps la plus tendre des prosélytes. Je lui exposai rapidement le grand œuvre de la création, la chute d'Adam, l'histoire des premières familles , leurs fautes qui appelèrent sur elles la colère céleste, le déluge , et la conservation d'un seul homme , qui devint le père d'une nouvelle race, lorsque tous les autres eurent péri.

En cet endroit, Marie m'interrompit avec vivacité. « Quoi, dit-elle,
» et moi aussi, je descendrais de ce

» Noé? » Et je vis sur son visage un air de satisfaction à l'idée qu'elle et moi nous avions une même origine. « Oui, ma chère, répondis-je, tout » ce qui respire est sorti de l'arche » sainte. Mais comme ce temps est très- » reculé, et que des hommes trans- » portés dans des lieux éloignés, par » divers événements, sont tombés dans » l'état d'ignorance, la tradition de ce » grand événement, a pu s'obscurcir » parmi eux; c'est un bonheur alors » qu'il leur soit rappelé par ceux qui en » ont soigneusement conservé le sou- » venir. Telle est notre position à l'un » et à l'autre, ma bien-aimée; tu ap- » partiens à un de ces peuples isolés, » perdus dans l'immensité des mers; » et tes compatriotes, uniquement » occupés des premiers besoins de la » vie, ont oublié leur origine; moi, » je viens d'un grand pays où les

» hommes adorent le Dieu qui les a
» créés, et où ils s'appliquent à ré-
» pandre cette sainte croyance. »

Pendant que je parlais, Marie fixait
sur moi ses grands yeux noirs ; sa
bouche était entr'ouverte, et elle semblait recueillir avec avidité ces vérités jusqu'alors inconnues. On voyait
sur sa figure naïve l'impression que
faisait naître en elle chacune des
circonstances que je lui rapportais.
Lorsque je lui peignais les délices du
paradis terrestre, et le bonheur de
nos premiers parents, son front brillait d'une satisfaction tranquille; c'était
Ève elle-même dans sa première innocence. Mais lorsque je lui eus fait le
récit de sa faiblesse et de ses suites
si fatales, de douces larmes coulèrent
de sa paupière.

C'en était assez pour une première
leçon. « Demain, ma chère Marie, lui
» dis-je, nous reprendrons ce même

» sujet ; tu as été touchée de ce que
» tu as entendu ; tu le seras davantage
» de ce qui te reste encore à ap-
» prendre. »

Nous nous rapprochâmes de la maison, et pendant le reste du jour, notre
entretien n'eut d'autre objet que l'instruction du matin. Marie avait été af-
fectée sur-tout de la situation d'Adam
et Ève dans le jardin de délices. Elle
la trouvait semblable à la nôtre, et cette
comparaison était plus juste encore
qu'elle ne le pensait. « Hélas ! disait-
» elle, Ève a été bien coupable ! J'avais
» craint que Dieu ne la chassât toute
» seule du paradis terrestre, et elle
» eût été bien plus malheureuse ! Al-
» phonse, continua-t-elle, je jure que
» je ne te tenterai jamais. » Ce serment
me fit sourire ; elle me le reprocha
doucement. « Ma chère Marie, lui
» dis-je, il est bien des genres de
» tentations ; « et la pressant contre

mon sein : « Si Dieu, par exemple ,
» m'avait défendu ce que je fais en ce
» moment, crois-tu que je ne serais
» pas tenté de lui désobéir, lorsque
» tu t'approches de moi ? — Est-ce
» que cela nous serait défendu , dit-
» elle timidement ?—Non, répliquai-
» je : il est des caresses innocentes
» que Dieu nous permet ; il en est
» d'autres qu'il défend entre homme
» et femme, lorsqu'ils ne sont pas
» unis selon sa loi. »

Je l'avouerai : ce ne fut pas sans
efforts, que je pus me résoudre à
faire naître en Marie des idées qui
lui étaient étrangères , et dont le résultat ne pouvait qu'éloigner ce que je
désirais le plus. Peut-être n'en aurais-
je pas eu le courage , si je n'eusse cru,
dès ce moment, qu'après avoir rempli ce devoir , je pourrais en adoucir
la rigueur par des soins qui me ra-
meneraient à mon but. Mes pensées

6.

sur ce point étaient tout-à-fait contradictoires. Je demandais que l'on me résistât, et cependant je voulais triompher : misérable calcul de la vanité ; que je dois me reprocher sans cesse, et qui méritait d'être confondu.

Le jour suivant, ma compagne me pressa de continuer ce que j'avais commencé la veille. Nous nous rendîmes au même lieu ; et là, après avoir rappelé sommairement l'instruction précédente, je lui fis le récit de tout ce qui concerne le peuple hébreu, aussi respectable en ces premiers temps, qu'il est devenu odieux après avoir commis le plus grand des crimes ; enfin j'arrivai à cette grande époque où le fils de Dieu s'immola pour la rédemption du genre humain. Avec quel feu j'exposais à ma chère Marie les vérités de notre sainte religion ! Je me sentais inspiré de Dieu même ; il mettait dans mes paroles

une force persuasive, une énergie
triomphante dont ma compagne était
émue, et qui m'étonnait moi-même.
Elle m'écoutait avec une entière attention ; ce qu'elle ne comprenait pas
bien, elle me le faisait répéter. Alors
je cherchais les termes les plus propres à rendre l'idée que je voulais exprimer ; ils se présentaient avec facilité. Il semblait qu'une intelligence
secrète eût établi entre elle et moi des
rapports indépendants des communications ordinaires. Sans doute la grace
agissait alors en nous ; elle ajoutait à
mes moyens de conviction ; elle donnait plus d'étendue à ses facultés, et
une lumière salutaire s'insinuait insensiblement dans son esprit.

Lorsque je me fus arrêté : « Eh
» quoi! s'écria-t-elle, cette Marie,
» mère de Dieu, est celle dont tu
» m'as donné le nom! Oh! combien
» je la chérirai! Apprends-moi à la

» prier, Alphonse, et je la prierai
» pour nous deux. »

Nous revînmes au logis ; en y entrant, la première action de Marie
fut de se jeter à genoux devant l'image
de la Vierge, que j'avais placée près
de son lit. Cette gravure, d'une beauté
parfaite, était d'après le célèbre *Cano.*
« Vois, ma chère, lui dis-je, vois
» comme ces traits sont purs ! quelle
» expression divine ! Regarde cet en-
» fant que ta patrone tient dans ses
» bras, et dont le front est rayonnant de
» gloire ; c'est ce fils adorable, mort
» sur la croix, pour obtenir de son
» père la rémission de nos péchés. »
Alors, lui montrant un crucifix : « Le
» voilà, ajoutai-je, ce faible enfant,
» devenu homme, périssant d'une
» mort douloureuse, et pardonnant
» à ses bourreaux. »

Comment peindre la douleur touchante de Marie à ces paroles, qui

retraçaient les plus grands mystères de notre sainte religion? De douces larmes coulaient sur ses belles joues ; moi-même j'étais profondément ému ; j'éprouvais une impression que je n'avais jamais ressentie ; il semblait que mon ame fût ouverte pour la première fois à la lumière. Non, en aucun temps, ces vérités sublimes ne m'avaient touché à ce point. Sans doute, Dieu permit que pour les rendre plus sensibles à ma jeune compagne, un trait céleste pénétrât dans mon sein, et m'enflammât de cette vive ardeur, qui seule peut passer dans les ames, et y dompter les résistances.

Après avoir présenté à Marie une sorte d'abrégé de l'Ancien et du Nouveau Testament, il me restait à lui faire connaître les obligations que la religion nous impose. Je lui appris ce que c'était que le péché originel ; de là passant à la distinction des péchés, je lui enseignai comment le démon s'efforçait de nous provoquer sans cesse à des fautes nouvelles ; comment on pouvait en être racheté par une contrition sincère et par la rémission que prononcent de saints hommes, que Dieu a placés entre le pécheur et lui, et auxquels il a donné le pouvoir de pardonner en son nom. Ensuite, je passai rapidement à la définition des sacrements, et aux commandements de Dieu et de l'Église.

L'aveu sincère que jusqu'ici j'ai fait de mes erreurs, m'autorise à dire qu'en cette circonstance, ma conduite fut sans reproche. La définition que je donnai à ma compagne du sacrement du mariage et du neuvième commandement de Dieu, fut franche et nette ; je ne tergiversai sur aucun point ; et quoiqu'il pût m'en coûter, je lui montrai ses devoirs dans toute leur sévérité.

Je terminai par un exposé de la doctrine du paradis et de l'enfer ; et je fis à mon élève une peinture énergique de ces délices ou de ces peines éternelles, qui nous suivront dans l'autre vie comme récompense ou comme châtiment.

Les journées suivantes furent employées à fournir à ma jeune néophyte les explications qu'elle ne cessait de me demander. Elles étaient présentées avec clarté, et reçues avec attention. « Mais, Alphonse, me dit-» elle, ce que tu m'apprends est-il » parvenu à la connaissance de toutes » ces nations, dont tu m'assures que » la terre est couverte ; et n'y a-t-il » donc que mes pauvres compatriotes » qui l'ignorent ? » Il me sembla inutile de lui faire connaître la différence des religions qui existent parmi tant de peuples divérs. Aussi bien la religion chrétienne étant la seule véritable, elle doit finalement triompher de toutes les autres; et je ne crus pas m'écarter de la vérité, en supposant par avance cette universalité. Je lui dis seulement qu'il existait encore quelques peuples qui languissaient dans les ténèbres; que ces saints hommes, dont je lui avais parlé, se livraient chaque jour aux plus courageux efforts, pour les tirer de leur aveuglement, et que le grand éloignement où sa nation se trouvait de toutes les autres, avait seul empêché que jusqu'à ce moment elle ne participât à la vraie croyance. « Mais, ma chère » Marie, ajoutai-je, Dieu lui-même » daigne appeler à lui, par des moyens » extraordinaires, ceux qu'il juge dignes de cette grace. C'est ainsi que » voyant en toi une ame pure et un

» cœur docile, il t'a conduite en ce
» lieu, pour y recevoir une instruc-
» tion salutaire ; et de même, il m'y
» a amené de l'autre extrémité du
» monde pour te la donner. »

« Eh quoi ! dit-elle avec un mou-
» vement de surprise, ce serait ce
» Dieu lui-même qui nous aurait réu-
» nis dans cette île où nous sommes
» venus par des voies si différentes?—
» Oui, Marie, répondis-je, tout
» dans l'Univers s'accomplit par son
» ordre. C'est son souffle divin qui a
» dirigé la barque qui te portait. Le
» lieu où elle devait s'arrêter était
» marqué à l'avance. Il a plu à ce
» Dieu tout-puissant de te sauver
» seule. C'est lui qui a daigné me
» choisir pour l'instrument de ton
» salut, et qui a mis dans ma bouche
» ces paroles de vérité, dont tu es si
» justement touchée. »

C'est par de semblables entretiens,

que j'éclairais insensiblement ma compagne. Ses observations étaient toujours justes ; mes réponses étaient pieu-
ses, mais droites ; et je m'attachai à lui
présenter le christianisme dans sa noble simplicité, évitant de lui faire
connaître ces subtilités théologiques,
dont le plus sûr effet est de détourner
l'esprit des idées sublimes que la religion inspire à tout être occupé de
bonne foi à la recherche de la vérité,
et qui ne veut connaître qu'elle.

Il fallut peu de temps à Marie pour
être instruite de tout ce qu'il était nécessaire qu'elle connût. Le développement des idées religieuses ne tarda
pas à amener en elle des changements
qui m'étonnèrent. L'attention qu'exige
la discussion d'un grand objet, la rendit susceptible de combinaisons plus
suivies. Son esprit était juste ; il devint étendu. Sa gaieté enfantine fut
plus calme et plus douce ; cette phy-

sionomie si vive et si belle prit insensiblement un caractère plus touchant.

Bientôt elle me demanda le bâp-
tême, que je lui donnai avec une satisfaction inexprimable. Qu'on se la
représente à genoux, les mains croisées sur la poitrine, de longs cheveux
épars sur ses belles épaules, la contenance modeste, et exprimant dans
ses moindres traits le sentiment divin
qui l'agitait; moi jouissant délicieusement de mon ouvrage, et éprouvant
le plaisir ineffable de conquérir à Dieu
une aussi belle ame. La petite tasse de
coco me servit à verser l'eau sainte,
et ce meuble m'en fut encore plus
cher. La cérémonie terminée, la jeune
néophyte vint m'embrasser affectueusement; ce baiser, offert par la bouche de l'innocence, fut reçu avec la
pureté à laquelle il avait droit de s'attendre.

Marie ne tarda pas à éprouver l'effet heureux qui accompagne toujours la réception d'un sacrement. Toutes ses facultés se développaient avec rapidité. Sa seule pénétration lui faisait concevoir, dans toute leur étendue, des idées dont je lui avais à peine donné les premières notions. C'est ainsi que le sentiment de la pudeur sembla naître tout d'un coup en elle.

Jusqu'à ce moment, quelque chaste qu'elle eût été, j'avais vu avec peine dans ses habitudes une sorte de liberté peu d'accord , quant à nos mœurs, avec cette modestie qui brillait sur son front. Rien n'était indécent en elle ; mais elle ignorait entièrement l'usage de ces précautions délicates, de ces bienséances attentives, dont la privation enlève à la beauté son charme le plus touchant. Si Marie avait chaud, elle ôtait son fichu devant moi, et me montrait sans aucune réserve un sein d'une forme ravissante. Certes, cette vue me transportait, et j'étais loin de m'en plaindre ; mais ce n'était pas ainsi que j'eusse voulu en jouir. J'étais fâché qu'elle mît si peu de prix à une action à laquelle j'en attachais tant ; ce qui m'aurait enivré comme don d'amour, ne me faisait plus éprouver qu'un sentiment pénible, dès qu'on me le présentait avec indifférence ; et, ce qui m'était plus sensible encore, je ne pouvais douter qu'elle n'eût agi de la même manière devant tout autre que moi. De même elle attachait sa jarretière en ma présence, sans songer seulement à se retourner. Sa conversation n'en était pas même interrompue ; et si, par événement, ses mains eussent été occupées en cet instant, je ne doute pas qu'elle ne m'eût chargé de cette fonction, sans y ajouter la plus légère importance.

Mais lorsque je lui eus appris quelles étaient les obligations imposées à son sexe, ce sentiment de pudeur endormie en elle par l'effet de l'éducation, se réveilla subitement. Cette pénétration délicate qui n'appartient qu'aux femmes, lui fit deviner tout ce que je ne lui disais pas, et la réserve prit tout-à-coup la place de la liberté. Dès ce moment, j'aperçus, dans ses moindres actions un changement dont je ressentis une joie qui ne devait pas durer.

Ainsi mon élève avait passé en tout point mon espoir. Aux vertus qu'elle tenait de la nature, elle unissait déjà ces qualités aimables qui sont le fruit d'une heureuse éducation. Étrangère à cette frivolité désespérante qui arrête sans cesse les élans d'une ame sensible, elle ne connaissait ni la dissimulation qui détruit le charme de toute liaison, aussitôt qu'elle est

aperçue, ni l'artifice qui fait des bles-
sures si cruelles. Sa confiance en moi
était sans bornes ; ses seuls regards
me donnaient à connaître sa pensée
aussitôt qu'elle était conçue ; elle devinait la mienne avec la même promp-
titude ; et souvent il arrivait à l'un de
nous de répondre à la question qui
ne lui avait pas encore été faite. Elle
s'exprimait en espagnol avec facilité, et
son élocution, presque toujours cor-
recte, avait un caractère de simplicité
piquante, qu'il serait impossible de
définir, parce qu'elle consistait plutôt dans la nature des idées, que dans
le choix des expressions.

J'étais depuis long-temps inquiet
de ce qui avait pu lui arriver, avant
que je l'eusse connue. Jeune, belle et
sans défense, que de motifs de crainte!
Je désirais vivement connaître les circonstances de sa vie qui pouvaient se
rattacher à cette époque ; et, jusqu'à

ce moment, je n'avais pas osé lui en
faire la question, tant je redoutais la
réponse. Enfin, un soir que je l'en-
tretenais des rapports d'un sexe avec
l'autre, ainsi que de leurs devoirs mutuels, « Et vous, ma chère Marie, lui dis-
» je avec une tranquillité apparente,
» vous avez sans doute été en liaison
» intime avec quelque jeune homme
» de votre pays, avant de venir ici ? »
Je la regardais attentivement, atten-
dant sa réponse dans un état d'anxiété. « Non jamais, dit-elle avec can-
» deur ; mais j'y allais. » Cette expression naïve me fit sourire ; je la
priai de s'expliquer. Alors elle m'apprit qu'elle avait été promise dès son
enfance à un de ses parents, souverain d'une petite île située à quelque
distance de celle où régnait son père.
Lorsqu'elle eut atteint sa quinzième
année, époque qui paraît être celle
de l'union des sexes parmi ces peu-

ples, on la fit embarquer sous la conduite de deux hommes âgés , chargés de la remettre à celui qui devait être son époux. C'est alors que la tempête emporta le canot en pleine mer. Ils naviguèrent pendant cinq jours, près de périr à chaque instant. Enfin ils abordèrent dans mon île , ou plutôt ils y furent jetés par les vents. La barque se brisa contre les rochers à l'endroit où je l'avais vue. Les deux vieillards périrent de la violence du choc. La jeune fille, qui était à l'autre extrémité du canot , fut elle-même submergée , et elle eut le bonheur de gagner la côte à la nage , après s'être déchiré la jambe contre les bords de l'esquif.

Cette explication me transporta de joie ; elle dissipait le seul nuage qui eût pu s'élever entre Marie et moi. Combien il m'était doux de penser qu'avec la beauté d'un ange , elle en avait aussi la virginité !

Pleinement rassuré sur un point auquel j'attachais tant d'importance ; je ne craignis plus de m'entretenir avec Marie de tout ce qui avait rapport à ses premières habitudes. Elle me donna sur ces régions si peu connues des notions plus étendues, et sur-tout plus exactes que les navigateurs n'en peuvent acquérir dans des relâches toujours trop courtes.

Si ces Mémoires n'avaient pas un objet particulier, peut-être pourrais-je parler avec quelque intérêt de ces peuples qui, pendant tant de siècles, ont échappé aux regards. Il suffira de dire que la civilisation doit dater, dans ces îles, d'une époque très-reculée. L'égalité, qui semble caractériser toute société naissante, n'y existe plus. Les grands y sont distingués du peuple. On y voit des riches et des indigents, des maîtres et des esclaves. L'industrie, toujours si lente dans son

accroissement, est portée chez eux
à un haut degré de perfection : leurs
maisons sont spacieuses, commodes,
élégantes. Ils tirent, par un procédé
ingénieux, les étoffes dont ils se pa-
rent plus qu'ils ne s'habillent, de l'é-
corce de certains arbres. Ils ont des
animaux domestiques. Sans le secours
du fer, ils construisent des barques
aussi légères que solides ; ils les diri-
gent avec habileté ; et, guidés par les
étoiles, dont ils ont une connaissance
parfaite, ils ne craignent pas d'en-
treprendre de longs voyages sur cette
mer immense où on les croirait perdus.

Les beaux-arts même ne leur sont
pas étrangers ; il ne leur manque ni
poëtes, ni musiciens, ou chanteurs ;
sans doute leur musique n'est pas la
nôtre, et leur poésie n'est pas aussi
savante ; mais elles leur procurent
pour le moins les mêmes sensations ;

et ce besoin d'émotions douces est un signe certain d'amélioration dans l'esprit des peuples.

Enfin, si je l'ose dire, cette nation est aussi loin de l'état sauvage, que nous pouvons l'être nous-mêmes? Mais partie du même point, elle est arrivée à l'état social par des routes différentes, et elle s'est arrêtée où elle n'avait plus rien à gagner sous le rapport des jouissances. C'est là le terme de toutes les combinaisons de ces hommes légers et voluptueux. Entourés des plus belles femmes, vivant dans l'abondance de toutes choses, sous un ciel admirable, ils ne songent qu'aux délices de cette vie, et ils n'ont qu'une idée très-vague de celle qui doit la suivre.

Par une conséquence naturelle de cette disposition, leurs mœurs sont faciles plutôt que simples ; je dirais même qu'elles sont fort relâchées, si

j'en dois juger par les détails imparfaits que me donna ma compagne
sur un sujet qui , heureusement, lui
était encore étranger, et que je ne crus
pas devoir approfondir.

Leur gouvernement est en quelque
sorte une extension de l'autorité paternelle. Un chef, auquel je craindrais
d'accorder le titre de roi, jouit d'une
autorité très-étendue dont il délègue
une partie à quelques grands qui
forment son conseil. Il vit comme les
plus aisés d'entre ses sujets; sa maison
n'est pas plus belle , sa table n'est pas
plus somptueuse que la leur ; et les
soins qu'il donne à sa famille l'occupent autant que ceux de l'état. Là
tout retrace ces temps héroïques où
des rois préparaient eux-mêmes leurs
repas , tandis que leurs filles blanchis-
saient leurs vêtements. Ma chère Marie m'offrit une preuve touchante de
cette simplicité ; elle me dit qu'elle

était fille du souverain de son pays,
avec autant de modestie que si elle
eût appartenu au dernier de ses habi-
tants. Elle parlait de sa mère, de son
vieux père avec une tendre émotion.
Elle avait une sœur qu'elle chérissait.
« Elle est si belle, me disait-elle d'un
» ton plein de candeur! o Alphonse,
» si tu la voyais, j'en suis sûre, tu
» l'aimerais comme tu m'aimes. »
Je souris à sa pensée. L'innocente
créature ne se doutait même pas de ce
que renfermait d'exclusif tout amour
et sur-tout celui qu'elle m'avait inspiré.

Ces communications répandirent
un charme nouveau sur nos rapports
mutuels. Ma tendresse en devint plus
vive encore, et chaque jour une douce
habitude en accroissait la force. Déjà
la plus grande partie de nos idées nous
était commune; nous avions un même
langage; nous adorions un même Dieu;
un même penchant nous rapprochait

l'un de l'autre. Que pouvais-je désirer
de plus ?

Après avoir rempli avec tant d'exactitude les devoirs que m'imposaient la
religion et l'honneur, je crus avoir
acquis le droit de faire connaître à
ma compagne cet amour dont je brûlais pour elle. Je lui avais donné de
bonne foi les lumières qui pouvaient
la guider ; la première partie du plan
que je m'étais tracé, avait été suivie
dans toute sa rigueur ; j'espérai que la
seconde aurait le même succès, et, dès
ce moment, ce fut mon unique pensée.

Nous nous promenions un soir sur
la lisière du bois ; la plus grande chaleur était passée ; l'air était pur et
tranquille. Nous marchions sur une
pelouse fine et molle, ayant d'un côté
des arbres d'une hauteur prodigieuse
dont les branches étendues formaient
un demi-ceintre au-dessus de nos tê-

tes; de l'autre, la vue de la plaine, des
rochers qui bordaient la côte, et la
mer dans le lointain. C'était précisément dans ce même lieu, que j'avais
été si long-temps à la recherche de ma
pauvre amie. Nous entrâmes dans la
clairière où je l'avais enfin surprise.
Je lui montrai le buisson où je m'étais
caché tout un jour pour l'attendre, et
nous nous assîmes sur ce même arbre
renversé, devant lequel je l'avais saisie. La vue de ces objets disposa Marie
à l'attendrissement. Cet être qui lui
avait inspiré tant d'effroi, était en ce
moment à ses côtés. Elle le voyait
tendre, empressé, et le contraste de
ce qu'elle éprouvait en cet instant,
avec les craintes dont elle avait été
agitée, lui inspirait une joie douce et
paisible. « Que j'étais injuste, dit-
» elle en me regardant avec expres-
» sion ! Hélas ! j'ai bien souffert en ce
» lieu, et j'y serais morte sans ton

secours. » Alors elle me raconta tout ce qu'elle avait enduré pendant ces sept jours où elle s'opiniâtrait à me fuir. Un matin, entre autres, après avoir passé la nuit au pied d'un arbre, elle s'était réveillée glacée, et dans l'impossibilité de faire un seul pas. Elle resta en cet état pendant un temps considérable ; ce ne fut qu'avec une peine extrême qu'elle parvint à se traîner dans un lieu découvert, où la chaleur du soleil lui rendit un peu de forces. Elle vivait de quelques œufs de tourterelles et de fruits qu'elle connaissait, mais qui manquaient de saveur, parce qu'ils croissaient sans culture. Je vis encore les débris d'un petit lit de branchages qu'elle s'était fait, et où elle se retirait chaque soir, après avoir erré tout le jour, pour chercher une misérable subsistance. Vingt fois j'avais passé à deux pas d'elle, tandis qu'elle me regardait du

fond de sa retraite, sans que je pusse l'apercevoir; car l'activité que je mettais dans mes recherches redoublait encore ses terreurs. « O Al-
» phonse, me dit-elle, d'un ton pé-
» nétré, si tu m'avais abandonnée,
» j'aurais péri bientôt, et je n'aurais
» connu ni Dieu, ni toi. »

« Chère Marie, répondis-je, il
» n'était plus en mon pouvoir de re-
» noncer à toi. Une puissance supé-
» rieure, et que je dois te faire con-
» naître, m'attachait sur tes pas.
» Ecoute-moi, ma bien-aimée ; jus-
» qu'à ce moment, je n'ai rien négli-
» gé, pour te dévoiler les vérités de
» notre sainte religion. Tu le sais, ma
» chère, Dieu prépare pour celui
» qui a suivi sa loi, des plaisirs inef-
» fables et qui seront sans termes. Ce
» n'était pas assez pour son inépui-
» sable bonté. Indépendamment de
» ces délices d'une autre vie, il a ac-

» cordé à l'homme sur la terre, des
» voluptés moins pures sans doute
» que celles qui nous attendent dans
» le ciel, mais qui font notre félicité
» ici-bas. Lorsqu'il créa Adam et Ève,
» il voulut qu'ils s'aimassent, qu'ils
» se chérissent, qu'ils ne pussent vi-
» vre l'un sans l'autre ; et ce doux
» penchant, que l'on appelle amour,
» mit le comble aux transports dont
» ils étaient sans cesse enivrés. Après
» leur faute, Dieu les chassa du pa-
» radis terrestre ; mais par pitié il
» leur laissa l'amour. Leur attache-
» ment s'accrut de leur malheur
» même. Une tendresse mutuelle les
» dédommagea de la félicité qu'ils
» avaient perdue, et ils durent en-
» core à la bonté céleste de douces
» consolations. Depuis ce temps,
» quoique les maux du genre humain
» provoqués par leurs crimes aient
» grossi comme un torrent fangeux,

» l'amour s'est conservé, et lorsque
» la vertu le cimente, il fait tou-
» jours le bonheur de ceux qu'il
» unit. »

Ma compagne m'écoutait avec une attention extraordinaire ; j'avais la parole tremblante ; Marie était agitée ; ses yeux étaient fixés en terre. Par moments, elle levait sur moi ses longues paupières, et l'ardeur de mes regards semblait la forcer à baisser les siens.

Je continuai : « L'amour, ma
» chère, est un élan rapide qui nous
» entraîne vers un seul être. Dès ce
» moment, le reste de l'univers n'est
» plus rien pour nous. C'est par l'ob-
» jet aimé que l'on vit, ou que l'on
» meurt ; seul il est l'arbitre de no-
» tre sort. Toujours le même en ses
» effets, l'amour varie à l'infini dans
» sa marche, et plus encore dans sa
» manière de naître. Quelquefois il

» est le résultat de soins tendres et
» suivis ; plus souvent il est produit
» par un simple regard. C'est là ce
» que j'éprouvai lorsque tu m'apparus
» pour la première fois, o ma bien-
» aimée ! Je t'admirais dans ton som-
» meil, je sentais que je ne pouvais
» plus vivre sans toi ; mon ame s'atta-
» chait à la tienne par une chaîne de
» feu. A l'instant où je te vis fuir, je
» fus atteint d'une douleur mortelle;
» je courus sur tes pas ; je fis les plus
» grands efforts pour te joindre, et
» j'aurais péri moi-même sur ta trace
» avant de l'abandonner. » Puis, prenant sa main, et la pressant contre
mon sein : « Tiens, ma chère, sens les
» palpitations de ce cœur; c'est là
» qu'est le siége de l'amour, et ce mou-
» vement précipité est son langage. »
O nature, que tu es sublime dans ta
simplicité ! Marie me regardait avec
des yeux troublés; une rougeur céleste

couvrait son front; son sein onduleux
soulevait son mouchoir; elle voulait
parler, et la parole expirait sur ses lèvres. Enfin, après un moment de silence : « Alphonse, me dit-elle à voix
» basse, je comprends tout ce que tu
» me dis. » Elle prit ma main, et la
mettant également sur son cœur :
« Tiens, dit elle, vois si je t'en-
» tends ? »

Nous restâmes ainsi quelques instants, jouissant délicieusement de nos
propres sensations, et plus encore de
celles que nous nous faisions mutuel-
lement éprouver. Je ne pus résister
au sentiment qui m'entraînait ; je me
jeta aux genoux de Marie : « Chère
» et tendre amie, lui dis-je avec
» transport, je jure à tes pieds de te
» chérir jusqu'à ma dernière heure.
» Mon sang, ma vie, mon ame, tout
» est à toi, et pour jamais. Reçois
» mes serments, ma bien-aimée, et

» dis-moi de grace que tu ne vivras
» que pour ton ami. »

Mon action l'avait étonnée ; elle
faisait de vains efforts pour me relever. « Alphonse, disait-elle , pour-
» quoi te mettre ainsi devant moi ?
» Ta pauvre Marie n'est pas la reine
» du Ciel ; tu ne dois pas lui parler
» de même ! — Cher ange , répliquai-
» je , tu es pour moi sur la terre ce
» que ta patrone est dans le ciel ; et
» le bonheur qu'elle peut me procu-
» rer dans l'autre vie, c'est de toi seule
» que je l'attends dans celle-ci. Laisse-
» moi t'adorer comme une divinité ,
» et reçois des vœux qui n'ont que
» toi pour objet. » Elle m'interrompit avec vivacité. « Alphonse, lève-toi,
» viens t'asseoir près de moi , ou je
» cesse de te parler. » Je lui obéis ;
lorsque je fus à ses côtés : « Al-
» phonse , dit-elle , tout ce que tu
» m'exprimes, je le retrouve pour toi

7*

» dans mon cœur, et j'éprouve de
» même dans toute sa plénitude ce sen-
» timent que tu appelles amour. Il
» n'est pas né, comme le tien, d'un
» premier regard; il est venu de l'autre
» manière que tu m'indiquais, il n'y a
» qu'un instant. Je te vis d'abord avec
» effroi; et lorsque tu me poursuivais,
» je me serais précipitée dans la mer,
» si j'avais dirigé ma fuite de ce côté,
» plutôt que de me laisser atteindre.
» Le moment où je tombai en ton
» pouvoir fut affreux. Lorsqu'enfin tu
» m'eus conduite dans ta demeure, tes
» soins m'étonnèrent; la terreur que
» tu m'avais inspirée se dissipa par
» degrés. Tu t'étais endormi au pied
» du lit où j'étais couchée; entraînée
» par une première impression, je
» me levai sans bruit pour te fuir;
» avant de te quitter pour jamais, je
» voulus te regarder une seule fois; je

» m'approchai doucement ; ton som-
» meil était calme. Tes traits m'offri-
» rent je ne sais quoi de doux et de
» tendre dont je fus émue ; alors même
» un sourire, né peut-être d'un songe
» agréable, vint se poser sur tes lè-
» vres. Je ne te craignis plus, j'ou-
» bliai de m'en aller. O Alphonse !
» j'ai bien fait ; car je suis, oui je
» suis heureuse ! »

Non, dans ces jours de solitude,
où m'abandonnant à des idées mélan-
coliques, je me forgeais des situations
à mon gré, jamais mon imagination
ne s'était élevée jusqu'à ce degré de
bonheur. Mon émotion était trop profonde pour qu'il fût au pouvoir de la
parole de l'exprimer. Je ne pus que
serrer ma chère Marie dans mes bras ;
au même instant je me sentis entouré
des siens ; dans cette situation, nos bou-
ches se rencontrèrent, et nous nous

enivrâmes d'une volupté qui ne fut suivie d'aucun remords.

Il était nuit ; je donnai le bras à ma compagne, et nous revînmes lentement à notre demeure, en suivant le même chemin par où je l'avais regagnée, chargé du plus doux des fardeaux. Nous marchions en silence, absorbés l'un et l'autre par nos sensations. A la clarté de la lune, je reconnus ces mêmes objets que j'avais remarqués pendant que je précipitais mes pas sur le déclin du jour, comme un ravisseur, et ce souvenir ajoutait encore au charme de ma situation présente.

Depuis cet aveu réciproque, des relations plus tendres s'établirent entre ma compagne et moi. Quoique nous nous aimassions bien avant de nous l'être dit, une confiance plus étroite nous attacha l'un à l'autre. Nos entretiens étaient plus vifs, plus passionnés ; et nous éprouvâmes tous les deux que l'amour prend un autre langage, aussitôt qu'il a su se faire entendre.

Ce n'était pas assez d'aimer; je désirais encore que Marie connût la plus expressive des langues. Je me fis un plaisir de l'instruire de ces fictions ingénieuses par lesquelles une nation spirituelle autant que sensible, a personnifié l'amour, et caractérisé ses attributs. Heureux mensonges, qui ont survécu depuis tant de siècles à une religion insensée, et qui se conserveront dans la mémoire des hommes, autant que la passion qui les a fait naître!

Enfin mes souhaits étaient accomplis : j'aimais, et j'étais aimé. J'avais une amie adorable ; j'aurais dû être heureux ; bien plus, je l'étais, et cependant je sentais qu'il manquait à notre union, un degré d'intimité vers lequel toutes mes pensées se reportaient malgré moi. Sans cesse repoussées, elles renaissaient avec une violence toujours nouvelle. Religion, honneur, délicatesse, vainement vous parliez à mon cœur; une voix plus puissante étouffait la vôtre. Tout penchant a son but dans les vues de la nature, et ce but s'offrait constamment à mes avides regards.

Quelle que fût la tendresse de Marie, je ne tardai pas à reconnaître en elle une solidité de principes, qui m'annonçait des difficultés auxquelles je ne m'étais pas attendu. L'horreur du péché, la crainte d'une punition éternelle avaient exalté son ame craintive. Par une conséquence du même sentiment, son imagination s'était enflammée, à l'idée des récompenses promises à la vertu. Tout entière à Dieu, en même temps qu'à son amant, elle ne souffrait qu'aucun des deux dans son cœur portât atteinte aux droits de l'autre. Elle aimait avec passion ; mais son amour était chaste comme elle.

Un jour que je l'embrassais avec une ardeur extraordinaire : « Cher
» Alphonse, me dit-elle, en se déga-
» geant doucement de mes bras , tu
» m'as appris toi-même qu'il est des
» caresses qui ne sont permises que
» dans le mariage ; et je crains que
» ces baisers que tu me donnes , et
» que je reçois avec tant de plaisir ,
» ne soient au nombre de celles qui
» nous sont défendues ; ils m'échauf-
» fent, ils me brûlent ; il me semble
» aussi qu'ils troublent ta raison. Je
» t'en supplie, Alphonse, au nom de
» cette Vierge auguste, dont tu m'as
» donné le nom , dis-moi la vérité ?
» — Chère Marie, lui répondis-je, il
» est d'autres caresses bien autrement
» puissantes que celles dont tu me
» parles. Ce sont celles-là qui ne sont
» permises qu'entre époux ; et je ne

» dois pas même t'en laisser soupçon-
» ner la nature. Ne m'ôte pas l'es-
» poir de te les faire connaître un
» jour ; ô ma bien-aimée ! ces baisers
» qui t'effraient, n'en sont que les
» faibles précurseurs. Cependant, ma
» chère, je dois convenir avec toi
» qu'ils portent le désordre dans les
» sens, et qu'il ne serait pas impos-
» sible qu'ils égarassent ceux qui n'ont
» pas assez d'empire sur eux-mêmes.—
» Ciel ! reprit-elle avec un sentiment
» de terreur, je ne m'étais pas trom-
» pée. Alphonse, je ne le sens que
» trop, et tu dois le sentir toi-même,
» cet empire pourrait nous échapper.
» Je t'en supplie, renonçons à ce dan-
» gereux plaisir. » Cette demande ne
fut pas entièrement accordée ; elle
éprouva des modifications qui la ren-
dirent plus supportable ; et, par une
sorte d'accommodement, où chacun
stipula avec chaleur pour ses droits et

ses craintes, on régla la part de bonheur mise chaque jour à ma disposition.

Ainsi la sphère de mes plaisirs devenait sans cesse plus resserrée, tandis que celle des jouissances de l'ame s'étendait davantage; et, par une circonstance unique, c'était moi-même qui mettais des obstacles à ce que je désirais le plus.

Nos jours se succédaient rapidement dans cette situation singulière. Ma vie était pleine; et quoi de plus propre à en remplir les instants qu'un désir soutenu? Toujours renaissant, parce qu'il est toujours comprimé, il fait le charme de l'existence, lorsqu'il semble en être le supplice; il avive toutes les facultés, il est le bonheur même, tant qu'il est nourri par l'espoir, et j'espérais encore.

Jusqu'à cette époque, Marie n'avait craint que moi seul; une circons-

tance inattendue lui montra, qu'en
amour, le péril est des deux côtés.
Une nuit, je fus réveillé par un orage
violent ; je savais que le tonnerre causait une grande frayeur à Marie, depuis cette tempête qu'elle avait éprouvée en mer. Je m'habillai à la hâte, et
je passai dans sa chambre. En entrant
chez elle, je la vis à la lueur d'un éclair,
à moitié vêtue, et venant se réfugier
près de moi. Je la pris dans mes bras.
Un siége se trouva à nos côtés ; je
m'assis, et l'attirai sur mes genoux ;
puis, la serrant avec force contre
mon sein, je m'efforçai de lui faire
oublier toute espèce de péril. L'intention était bonne sans doute ; la
conduite n'y répondit pas. Ce qui se
passait au-dehors devait me rappeler
la puissance divine ; je ne songeai qu'à
l'objet qui était devant moi. Mais,
quel être ayant une ame eût pu voir
avec tranquillité cette jeune fille demi-

nue et tremblante? Combien elle était à craindre en ce moment, où elle-même était si effrayée ! « Mon cher » Alphonse, me disait-elle d'une voix » affaiblie, ah! ne m'abandonne pas, » sois mon refuge; je mourrais loin de » toi ! » L'émotion me pénétrait, je sentais qu'elle était partagée. A la clarté des éclairs, je voyais par intervalles des charmes qui eussent réchauffé un cœur de glace ; quelle devait en être l'impression sur le mien, déjà consumé de tous les feux de l'amour! Ma tête se troubla ; par une transition subite, toujours facile aux ames tendres, Marie éprouvait un désordre, que les battements de sa poitrine ne me faisaient que trop connaître. Des baisers donnés avec ardeur, et reçus avec tendresse, nous mirent tous deux hors de nous-mêmes. Elle me repoussait mollement ; ses soupirs, recueillis avec avidité, portèrent la flamme dans mes sens; déjà ma bouche était collée sur son sein; mes mains s'égaraient; j'allais me perdre, et la perdre avec moi, quand tout-à-coup la chambre se remplit d'une lumière éblouissante; au même instant, un effroyable coup de tonnerre se fit entendre sur nos têtes, et il nous sembla que la maison s'abîmait avec nous.

Si Dieu voulut protéger l'innocence par ce signe éclatant, il était temps. Marie s'élança de mes bras avec impétuosité, et elle alla tomber à genoux, à l'autre extrémité de la chambre. De même, je me prosternai à la place où j'étais. Rappelé à moi-même, je déplorai ce moment d'égarement, et j'en demandai pardon à Dieu avec humilité. Après une prière fervente, je me levai pour rejoindre Marie. Mon action l'effraya; elle se jeta à mes pieds en versant un torrent de larmes.

» Alphonse, cher Alphonse, dit-elle

» avec l'accent du désespoir, épar-
» gne ta pauvre Marie ; elle te de-
» mande grace, elle meurt à tes ge-
» noux si tu n'as pitié d'elle. — O
» ma bien - aimée, répondis-je avec
» transport, cesse de craindre ton
» ami ! Entraîné par l'amour, il a été
» sur le point de devenir criminel.
» Ah ! pardonne une faute qu'il dé-
» teste, et qui est indépendante de
» sa volonté, comme elle est étran-
» gère à la tienne. »

« O Alphonse, répliqua-t-elle ,
» pourquoi t'accuser seul d'une er-
» reur qui me rappelle trop vivement
» la mienne ? Tous deux nous avons
» les mêmes torts, tâchons d'en ob-
» tenir le pardon. Dieu a parlé, obéis-
» sons à sa voix, et rendons lui
» grace d'avoir daigné nous la faire
» entendre. »

L'orage s'était éloigné; mais il gron-
dait encore , et les éclairs se succé-

daient sans relâche. Je pris Marie par
la main , je l'engageai à se remettre
au lit ; puis approchant un siége , e
me plaçant près d'elle. « Non ma
» chère, lui dis-je , demain à la clarté
» du jour, tu n'auras point à rougir
» des fautes de la nuit : j'en jure par
» cette vive lumière émanée du ciel
» même , ton innocence est en sûreté
» Mais souffre que ton ami ne te laisse
» pas seule. Se sentir près de toi, res
» pirer ton haleine , t'exprimer son
» amour , en arrêter les élans , voilà
» désormais son devoir et son seu
» désir. »

Alors tenant sa main , et posan
ma tête près de la sienne , je m'eni-
vrai d'une volupté tranquille. Avec
quelle énergie j'exprimais cet amour
qui dévorait mon sein ! Non jamais
passion plus vive ne fut sentie et ren
due avec tant de feu ; jamais elle ne
fut plus sévèrement contenue! Quelle

heureuse nuit! Eussé-je cru que Dieu m'en accorderait de plus douces encore ? Sans doute il n'a pas voulu que je quittasse cette vallée de larmes sans connaître toutes les voluptés que sa main généreuse a réservées pour les faibles mortels.

Le jour nous surprit dans la même attitude. Je regardai avec orgueil celle que je croyais de bonne foi avoir défendue contre elle-même ; j'oubliais que moi seul avais fait naître le péril où elle avait été exposée. Je la quittai après lui avoir donné le baiser du matin , et je sortis pour juger des effets de l'orage. Un des grands arbres qui étaient devant ma porte , avait été frappé de la foudre ; ses branches étaient dispersées à l'entour , et le tronc dépouillé gisait par terre. J'allai chercher ma compagne, et je lui montrai ce désordre. « Pauvre arbre, dit-» elle, c'est nous qui l'avons tué ! »

Cette idée me fit sourire. « Alphonse,
» continua-t-elle, je veux que ce tronc
» reste en ce même lieu. La cause de
» sa chute rappellera à la raison ce-
» lui de nous qui pourrait s'en écar-
» ter encore. » Désirant me conformer à ses intentions, je fis disparaître
les débris de l'orage ; après avoir
aplani le terrain , je creusai dans le
corps de l'arbre un siége commode,
sans le changer de place ; et lorsque
la vivacité de mes caresses donnait
des craintes à Marie : « Mon ami ,
» disait-elle, allons nous asseoir sur
» l'arbre du tonnerre. »

Cet incident m'inspira de sérieuses
réflexions sur ma conduite. « Eh
» quoi ! me disais-je , je dédaignais
» une victoire qui m'eût semblé trop
» facile ; et maintenant qu'on me ré-
» siste, je cherche à l'obtenir par une
» misérable surprise ! Est-ce donc
» pour la rendre criminelle à sés pro-

» propres yeux, que j'ai éclairé cette
» jeune fille? Si je devais l'avilir et me
» dégrader à ce point, c'était avant
» de lui faire connaître ses devoirs,
» qu'il fallait l'en écarter. Son igno-
» rance l'eût justifiée, même devant
» Dieu; elle eût cédé à la force et à
» la nature; moi seul j'eusse été cou-
» pable. O tristes effets de l'inconsé-
» quence; j'ai tenté d'allier deux cho-
» ses incompatibles, la vertu et le vice;
» ou plutôt je voulais que la vertu
» servît seulement à rendre le vice
» plus aimable; j'ai cherché à parer
» la victime, pour l'immoler avec
» plus de volupté. Il fallait être hon-
» nête homme et chrétien, et l'être
» sans réserve, ou, me ravalant jus-
» qu'au dernier rang des êtres, me
» contenter de ces tristes plaisirs qui
» naguère m'avaient paru si peu faits
» pour mon cœur. »

Je rougis de l'avouer : si j'eusse été

2.   8

reporté à ces premiers moments, j
doute que j'eusse pris le parti le plu
honorable. Mais le choix n'était plu
en mon pouvoir. Ce n'était plus cett
jeune fille qui, dans sa simplicité, sem
blait m'offrir les trésors dont la na
ture l'avait enrichie. Trop bien ins
truite par mes leçons, éclairée pa
mes tentatives répétées, toujours en
garde contre elle-même, elle m'op
posait une résistance qui me désespé
rait, et que j'étais forcé d'admirer.

Tant de vertu aurait dû m'en inspi
rer à moi-même, elle ne fit que m'en
flammer davantage ; mais, bien con
vaincu de l'impossibilité de triomphe
de Marie par l'égarement des sens o
par les prestiges de la séduction, je pri
une autre voie pour arriver à mor
but, et je cherchai à persuader cell
que je n'avais pu vaincre. Que d'effort
pour détruire cette innocence que j
chérissais ! O amour ! est-il donc dans

ta nature d'anéantir ce que tu cher-
ches, et de dévorer ce qui te fait
naître.

J'allais souvent à l'endroit où j'avais
vu Marie pour la première fois; je
l'embellis à son insu; j'entourai de
gazon la place où elle avait reposé;
j'ornai le rocher de coquilles brillantes; et, lorsque tout fut prêt, par une
route qui lui était nouvelle, j'y conduisis ma jeune compagne, sans lui
dire de quel côté je dirigeais ses pas.
Elle poussa un cri de surprise, en re-
connaissant la roche où elle goûta le
premier repos après son naufrage. Le
soin que j'avais pris d'en dérober l'a-
ridité sous des touffes de verdure et
de fleurs marines, la toucha. « Chère
» amie, lui dis-je, si j'étais roi, c'est
» ici que j'éleverais un palais, et que
» je placerais ton trône! Seul et sans
» secours, je n'ai pu que t'y préparer

» un siége de mousse et de gazon
» viens t'y reposer avec moi. » Ell[e]
s'assit à mes côtés, partagée entre l'é[-]
motion et la crainte. « Marie, dis-je
» c'est ici que cet amour qui troubl[e]
» ma raison a pris naissance ; c'est ic[i]
» que tu décideras de mon sort. Prê[-]
» te-moi toute ton attention, o m[a]
» bien-aimée ! Tu le sais, je ne sui[s]
» point un corrupteur. C'est par me[s]
» soins que tu as su discerner le bie[n]
» d'avec le mal ; je me suis fait u[n]
» devoir de t'instruire de toutes le[s]
» obligations imposées à ton sexe
» enfin, je t'ai élevée au rang de chré[-]
» tienne, et ce titre sacré m'interdi[t]
» toute idée qui pourrait y porter at[-]
» teinte. Ce ne sont plus des faveur[s]
» criminelles que je sollicite de toi
» o Marie ! c'est une épouse que je t[e]
» demande. Dieu entendra nos ser[-]
» ments. Ce soleil, cette mer, ce[s]

» rochers, premiers ouvrages de ses
» mains, seront les témoins de notre
» union, et sa bonté la bénira. »

La surprise de Marie ne lui permit
pas d'abord de me répondre; je continuai : « Considère, je t'en supplie,
» notre position; nous n'avons plus
» l'espoir de sortir de cette île; faut-
» il y mourir étrangers l'un à l'autre;
» et ne nous est-il pas permis de croire
» que nous n'y avons été amenés par
» des voies extraordinaires, que pour
» devenir d'heureux époux, à l'image
» de nos premiers parents, et voir
» naître de nous une race qui puisse
» bénir le Dieu qui nous a réunis : o
» ma douce compagne, faut-il qu'a-
» près nous, son saint nom ne soit
» pas seulement prononcé dans cette
» île solitaire ? » Marie m'interrompit vivement. « Eh quoi! dit-elle,
» oublies-tu donc que ces enfants, nés
» dans le péché, et déjà chargés d'une

» tache originelle , périraient , en-
» traînants dans leur chute les coup-
» bles auteurs de leurs jours? Ne m'as
» tu pas appris que le sacrement d
» mariage ne peut être donné que pa
» les ministres de ta religion ; et peut
» il y avoir des moyens de supplée
» à un acte aussi auguste ? Nous som
» mes, dis-tu , sans espoir de quitte
» ce lieu ; et, cette main puissant
» qui nous y a placés , ne peut-elle pa
» nous en tirer dès demain ? C'es
» toi qui me l'as répété cent fois
» Dieu peut tout ; rien dans l'univer
» ne s'accomplit que par son ordre
» et peut-être n'attend-il , pour ma
» nifester sa puissance en notre fa
» veur, que le moment où nous sor
» tirons glorieusement de l'épreuv
» qu'il nous fait subir ? Tu oses t
» plaindre, Alphonse ; grand Dieu
» que ton amour est différent du mien
» Nous sommes ensemble , et, tu m

» l'as dit, rien ne peut nous séparer;
» tu m'aimes, et je te chéris ; tu me
» ravis quand tu me parles de ta ten-
» dresse, et mon plus grand bonheur
» est de t'exprimer la mienne. Dis-
» le, mon ami, as-tu le droit de te
» croire malheureux; ces plaisirs que
» tu regrettes et qui me sont incon-
» nus, valent-ils les remords qui les
» suivraient? O Alphonse ! tu as oublié
» tes propres préceptes; et pour ton
» bonheur comme pour le mien, faut-
» il que ce soit moi qui te les rap-
» pelle. »

O vérité ! déjà si puissante par toi-
même, combien tu acquiers de force
quand tu es présentée par un être
chéri ! « Marie, m'écriai-je, ange
» adorable, faut-il donc que tu aies
» toujours raison? Nous avons changé
» de rôle, ma bien-aimée ; c'est toi
» qui me dirige ; je ne suis plus de-
» vant toi qu'un humble enfant qui

» reconnaît sa faute, et qui en sol-
» licite le pardon. »

Je me mis à ses genoux, malgré sa
résistance, et les pressant avec ardeur : « O Marie ! c'en est fait, je le
» jure par tout ce que tu révères, ja-
» mais ce qui a pu blesser ta délica-
» tesse, ne se représentera ; et si
» l'idée pouvait en renaître en mon
» faible cœur, elle y périrait avant de
» se produire sur mes lèvres ! »

Mes regrets l'attendrirent : « Al-
» phonse, ami généreux, dit-elle
» d'une voix émue, comment te prou-
» ver l'excès de ma reconnaissance ?
» Prescris-moi des obligations, ima-
» gine des sacrifices, je me soumet-
» trai à tout, et je ne me plaindrai
» pas. Ah ! si le Ciel permettait qu'un
» jour..... Cher Alphonse, mes vœux
» sont aussi ardents que les tiens ; nous
» avons une même impatience. T
» peux m'en croire, ajouta-t-elle en

» rougissant, tes désirs même sont
» partagés. »

C'est ainsi qu'une jeune fille, guidée
par la religion et la vertu, me rame-
nait à ces vérités que j'étais au moment de méconnaître. Elle était inaccessible à ces vains raisonnements qui
eussent pu séduire toute autre qu'elle;
et si elle devait succomber, sa chute
même devait être le dernier effort de
la vertu.

Humilié de mon infériorité devant
celle qui me devait des instructions
qu'elle me rappelait avec tant d'énergie, touché de son horreur pour le
mal, j'avais enfin pris une ferme résolution de cesser pour jamais des
efforts coupables autant qu'inutiles ;
j'en avais fait la promesse solennelle,
je l'exécutai avec un courage au-dessus de mes forces ; je dévorai en silence ces désirs qui me consumaient.
Hélas ! sans cesse ranimés par la vue

8*

de celle qui en était l'objet , plus ils
étaient sévèrement contenus , plus ils
agissaient avec violence au fond de
mon cœur. Insensiblement je devins
rêveur et sombre : l'innocente gaieté
de ma compagne ne me touchait plus,
ou plutôt elle me rendait malheureux.
J'étais assez injuste pour me plaindre
de cet état de calme que je ne pouvais plus partager , et qui, en elle ,
était le fruit d'une conscience tranquille. A peine ce reproche était ex-
primé , que je détestais mon injustice
et ma tendre Marie cherchait elle
même à excuser les torts que j'avais
envers elle.

Ce choc perpétuel de sentiments
contraires altéra enfin ma santé ; je
perdis par degrés l'appétit et le sommeil ; une soif ardente me dévorait
mes yeux se creusèrent. Le feu interne
qui me brûlait s'exhalait en regards
étincelants; j'avais la poitrine oppres-

sée. En un instant mon front passait des couleurs de la santé à la pâleur de la mort ; bientôt une fièvre lente acheva d'abattre le peu de forces qui me restaient. Enfin je périssais sans pouvoir définir mon mal ; ses tristes effets semblaient en avoir détruit jusqu'à la cause , et je croyais ne plus aimer.

Ma pauvre amie s'aperçut bien vite de mon état; je mis d'abord tous mes soins à lui cacher ce qu'il avait de dangereux. On ne trompe pas l'amour. Elle me prodiguait, avec une tendre affection , les soins que je lui avais donnés dans une circonstance semblable ; mais que les siens étaient différents ! que d'attentions , que de zèle , quelle chaleur de tous les moments ! Dieu , que j'étais loin de lui ressembler !

Cependant chaque jour aggravait ma situation. Ma démarche était traînante

et pénible. Si je restais en place, les
palpitations m'étouffaient; sorti de la
maison, je pouvais à peine marcher,
et chaque pas me coûtait un effort.
Une langueur secrète détruisait en
moi les organes de la vie. Je me sentais mourir, sans avoir même le désir d'échapper à ma destruction. Souvent je versais des pleurs, et ces pleurs
n'étaient pas dépouvus de charmes.
Étrange contradiction! je chérissais
ma compagne, et je voyais sans terreur approcher la mort qui devait
me séparer d'elle.

Mais comment peindre la peine de
ma chère Marie? Toujours douce et tendre, sa douleur était sans éclat; mais
qu'elle était profonde! Sans cesse à
mes côtés, la nuit comme le jour, elle
semblait partager mes souffrances;
elle prévenait mes plus faibles désirs,
pardonnait à mes impatiences; elle
eût oublié le soin de sa propre conser-

vation, si je ne l'y eusse rappelée à chaque instant. Elle me cachait l'excès de sa peine, je m'efforçais de lui cacher mes souffrances, et cette réserve réciproque ajoutait encore au malheur de notre situation.

Marie avait remarqué que je respirais avec moins de difficulté, en plein air, que dans l'intérieur de la maison; et elle m'invitait à faire chaque jour quelques pas autour de notre demeure. Soutenu sur son bras, je marchais avec une extrême lenteur, m'arrêtant à chaque instant pour reprendre mes forces. Dans une de ces promenades, vers le déclin du jour, j'allai jusqu'au rivage, toujours appuyé sur ma compagne; je m'assis près d'elle sur des algues sèches, qu'elle prit le soin de rassembler; et, regardant cette mer première cause de tous mes malheurs, je soupirai péniblement. Je songeai à mes deux pauvres camarades; j'a-

vais conté leur histoire à Marie. Hélas !
« dis-je , sans doute ils ont péri : et
» j'ajoutai, emporté par une réflexion
» involontaire , pourquoi ne les ai-je
» pas suivis ? » Elle ne répondit pas ;
mais détournant la tête , elle se mit
à pleurer doucement. J'eus regret
des paroles qui m'étaient échappées.
« Chère amie , lui dis-je avec ten-
» dresse , pardonne à un malheureux
» que ses souffrances égarent , et qui
» a pu, dans un moment de douleur,
» en déplorer la durée. » A ces mots ,
son désespoir éclata. « Alphonse ,
» s'écria-t-elle , tu veux mourir , tu
» veux me quitter ; mais sache que
» la mort même ne nous séparera
» pas ; si je te perds , ajouta-t-elle
» avec force et en étendant la main
» vers la mer , voilà mon tombeau. »
Je fis un geste d'horreur. « Eh quoi !
» dis-je en frémissant, c'est Marie,
» ma douce Marie qui tient ce lan-

» gage affreux ? — C'en est fait, re-
» prit-elle, ma résolution est inébran-
» lable ; si tu péris, je péris avec toi, et
» je n'aurai d'autre regret en expi-
» rant que de savoir mes tristes res-
» tes séparés des tiens. — Grand
» Dieu, m'écriai-je, suis-je assez
» malheureux ! religion, vertu, de-
» voir, elle a tout oublié ! » Puis
d'un ton plus calme : « O Marie !
» ajoutai-je, comment pourrais-tu
» exécuter un projet si funeste, toi
» qui as refusé de me prendre pour
» époux, dans la seule crainte de
» commettre une faute que tant
» de circonstances eussent rendue ex-
» cusable ? » En disant ces mots, je
fus saisi d'une émotion extraordinaire,
une sueur glacée coula de mon front,
et je me sentis près de m'évanouir.
Marie me regardait fixement. Après
un moment de silence, « Alphonse,
» dit - elle d'un ton grave, au nom

» de tout ce que tu révères, dis-moi
» la vérité : ce refus dont tu parles
» serait-il la cause du mal que tu res-
» sens? Ne me déguise rien ; il y va
» de notre existence à tous les deux.»
Je fis un signe de tête . . . . . . « Hé
» bien! connais toute l'étendue de
» mon amour; prononce un seul
» mot, et tu seras mon époux. »
Je ne pus répondre ; un torrent de
larmes coula de mes yeux ; qu'elles
étaient douces ! « Marie, chère Ma-
» rie, dis-je enfin, est-ce un piége
» que tu tends à ma faiblesse? je meurs
» à cette même place, si tu n'es pas
» sincère. — Non Alphonse, ré-
» pondit-elle d'une voix ferme ; je
» ne te trompe pas, je ne te trompe-
» rai jamais. Je serai à toi, toute à toi.
» Si c'est un sacrifice, quelles qu'en
» soient les suites, il ne me coûtera
» aucuns regrets. »
O joie ineffable ! je voulus baiser

sa main que je tenais dans la mienne ; elle me tendit les bras, et un baiser de flamme porta la vie jusqu'au fond de mes veines.

Après ce premier élan : « Cher
» ami, dit-elle, tu l'as entendu, ta
» Marie sera à toi ; souffre seulement
» qu'avant de prononcer ce serment
» qui doit nous unir, elle te demande
» quelques jours pour invoquer la pi-
» tié du ciel. Hélas ! elle nous est bien
» nécessaire à tous les deux. »

« Chère amie, répondis-je, en la
» pressant contre mon cœur, quand
» tu m'accordes tout, que pourrais-je
» te refuser ? »

Nous regagnâmes lentement notre demeure. Quoique ma respiration fût plus libre ; mes forces étaient loin de répondre à ma nouvelle situation. Je fléchissais sous le poids du bonheur. Ma tête était dans les cieux, et mes

pieds chancelants semblaient s'enfoncer dans la tombe.

Pour la première fois, depuis bien
long-temps, j'eus quelques heures d'un
sommeil tranquille. D'heureux songes, précurseurs de l'avenir qui m'attendait, m'en faisaient savourer par
avance les délices. L'amour, le tendre
dre amour réchauffa mon sein de toutes ses ardeurs, et mes désirs égarés
dans leur marche reprirent leur cours
naturel.

A mon réveil, il ne me restait
qu'un souvenir confus de ce qui s'était
passé dans la journée précédente. Je
sentais seulement que j'étais heureux,
sans pouvoir me dire précisément ce
qui causait mon bonheur. J'éprouvais
dans toutes les parties de mon être
un trouble exquis et vague, qui tenait
de l'extase. C'était avec une sorte de
volupté que je me recueillais en moi-

même, n'osant m'interroger, ni regarder autour de moi, dans la crainte d'être enlevé à de trop douces illusions. Enfin j'ouvris les yeux, et j'aperçus Marie à genoux devant mon lit. Elle était pâle et tremblante ; sa vue inquiète semblait me demander ce que sa bouche n'osait dire. Je considérai avec attendrissement cette compagne de ma solitude, et lui tendant la main, « Marie, dis-je d'une voix émue, je » ne souffre plus, et je suis heureux. » Oh ! comment exprimer son ravissement ! Quels élans ! quels transports ! Elle prit cette main décharnée que je lui tendais, et avant que j'eusse pu m'en défendre, elle la couvrit de baisers. J'attirai doucement à moi l'aimable fille, et la pressant sur mon sein : « Chère Marie, j'allais mourir déses- » péré, lui dis-je ; je vis, et je vis pour » le bonheur ! O ma bien-aimée ! je te

» consacre à jamais cette existence
» que je tiens de toi seule, et qui est
» le moindre de tes bienfaits. » Elle
me serrait dans ses bras, tandis que
des pleurs sans amertume inondaient
son beau visage. « Cher Alphonse,
» disait-elle avec effusion, quoi, c'est
» moi qui te rends à la vie ! ah com-
» bien cette idée a de charmes pour
» mon cœur ! » Ses larmes coulaient
encore, et un sourire plein de graces
reposait sur ses lèvres.

A ces premiers moments, consacrés
en entier aux besoins de l'ame, succédèrent des soins d'une autre nature.
Je pris un peu de chocolat avec Marie;
bientôt, impatient de juger de mes
forces, je hasardai quelques pas autour de notre demeure. Je marchai
seul ; Marie était à mes côtés ; elle
souriait à mes efforts ; lorsque je me
sentais fatigué, je m'asseyais près

d'elle ; et là , dans de doux épanche-
ments , nous nous exprimions notre
amour mutuel.

Quelques jours suffirent pour rétablir entièrement ma santé. J'attendais
avec une impatience, qui n'avait rien
de pénible, ce moment si long-temps
désiré ; Marie le voyait approcher
avec calme ; enfin il arriva. Elle s'y
était préparée par le jeûne et par la
prière. Le matin même, j'appris qu'elle
avait passé la plus grande partie de la
nuit à implorer la miséricorde divine.
Sa contenance était tranquille et recueillie. Je la pressai de soigner sa
parure, elle fit ce que je désirais ; moi-
même je l'aidai à s'habiller ; et, j'ose le
dire, pas un geste libre, pas un regard
ne troublèrent les préparatifs de cet
acte solennel. Je me souvins du magni-
fique collier de perles que j'avais conservé ; je le mis au cou de Marie, il com-
posa seul toute la corbeille de noce.

Enfin l'heure que nous avions fixé
sonna. Nous nous mîmes à genou
l'un et l'autre devant une petite tabl
sur laquelle étaient placés un crucifi
et une bible. Je fis le premier le ser
ment que prescrit la religion ; Mari
le répéta après moi ; puis mettant tou
deux la main sur le livre sacré, nou
jurâmes de sanctifier notre union pa
les cérémonies que prescrit la saint
Eglise , aussitôt que nous en aurion
le pouvoir.

J'allais quitter ma place, lorsqu
Marie élevant les mains vers le ciel
s'écria : « Grand Dieu ! si ces nœud
» provoquent ta colère, puisse-t-ell
» retomber sur moi seule ; épargn
» Alphonse, et frappe la victime qu
» s'offre à tes coups ! — Que dis-tu
» chère épouse, repris-je avec impé
» tuosité ? Ah ! si nous étions cou
» pables, c'est moi seul qui devrai
» être puni, et j'implore de la justic

» divine le châtiment qui ne doit tom-
» ber que sur ma tête. » Marie se tournant vers moi : « Alphonse , dit-elle
» d'une voix douce et pénétrée , si nous
» avons encouru les vengeances de
» de l'Être suprême , puisse-t-il ,
» dans sa bonté , se souvenir que je
» l'ai invoqué la première. »

J'avais donné des soins au repas qui devait suivre cette cérémonie à-la-fois sainte et modeste. Notre table était ornée de fleurs; les mets étaient choisis, et malgré l'extrême simplicité des apprêts, l'ensemble offrait un air de fête dont ma compagne fut touchée. Je jouissais, avec une sorte de calme, de cette félicité si long-temps attendue ; j'étais heureux sans transports. Marie paraissait satisfaite ; elle jetait par intervalles un regard timide sur moi, et au même instant, son front se couvrait d'un aimable incarnat. Je lui pris la main : « Chère Marie , lui dis-je ten-

» drement, je vois tout, et j'appréc[
» tout. Lis à ton tour dans mon cœu[
» o ma bien-aimée! tu y trouveras to[
» image empreinte en traits de feu. J[
» mais, non jamais, ce cœur si tendre r[
» battra que pour toi. Le serment qu[
» j'en fais aujourd'hui est indépenda[
» de ceux que j'ai déjà prononcés. C'e[
» l'élan d'une ame pleine de toi; e[
» s'imposant des obligations, ce so[
» des jouissances qu'elle s'assure![

Le reste de la journée se passa da[
des plaisirs tranquilles. Elle arri[
cette heure attendue avec tant d'imp[
tience! Délices, volupté, bonheur,[
vous connus enfin! Et pour que rien r[
manquât à ma félicité, j'obtins da[
cette heureuse nuit, la plus dou[
certitude que puisse avoir l'époux q[
a le droit d'estimer sa compagne.

A notre réveil, le ciel était sa[
nuages; à travers les arbres qui e[
touraient notre demeure, quelqu[

rayons d'un soleil étincelant parve-
naient jusqu'à nous. « Vois, dis-je à
» Marie, vois comme l'air est pur ;
» ce n'est plus ce jour d'orage qui
» nous annonçait la colère céleste.
» O ma chère ! ce calme est le pré-
» sage du bonheur sans mélange que
» nous allons goûter désormais. —
» Je ne sais, répondit-elle ; cette
» tranquillité m'inspire un effroi dont
» je ne puis me défendre ; je crains
» qu'elle ne soit trompeuse. Cher
» Alphonse, Dieu a parlé, et nous
» avons méconnu sa voix. Aujour-
» d'hui son silence m'épouvante plus
» que n'avait fait sa colère. » Je ne
cherchai pas à combattre ces idées
tristes par d'inutiles raisonnements ;
je me bornai à en détruire l'impression par des impressions plus douces ;
et ma tendre Marie, subjugée par
l'ardeur de mes caresses, oublia bientôt ses alarmes.

Mon sort était fixé : espoir, ill
sions, rêves séduisants, tout ét
réalisé. Chaque jour je trouvais c
voluptés nouvelles dans la possessi
de Marie. J'étais heureux, et je l
tais sans réserve. Je conservais tc
jours un désir très-vif de revoir i
patrie et les chers objets que
avais laissés ; jamais il n'avait c
suspendu dans ma pensée ; mais
désir n'avait rien de trop impatier
et j'attendais avec une résignati
tranquille le moment de ma dé
vrance.

Plusieurs mois s'étaient écoulés
pidement dans cette situation, sa
que rien en eût altéré le charm
lorsque Marie eut des indices de gr
sesse, et bientôt sa maternité ce
d'être douteuse.

J'en ressentis la joie la plus vi
ma compagne, au contraire, en p
rut effrayée ; je pensais d'abord q

seule et sans autre secours que le mien, elle appréhendait les dangers qui me semblaient inséparables de sa position. Je me trompais. Dans ces climats heureux, le titre de mère n'est pas acheté par des douleurs cruelles. Marie était agitée d'une autre crainte. L'irrégularité de notre union jetait la terreur dans cette ame si pure ; elle croyait voir sans cesse le bras de Dieu levé sur sa tête, et prêt à frapper, dès leur naissance, les fruits de notre hymen. Vainement je m'efforçais de détruire en elle des scrupules que je trouvais exagérés ; plus tranquille pour le moment, le lendemain elle se livrait à de nouvelles alarmes, et bientôt moi-même j'en conçus de vives inquiétudes.

J'étais sorti, un matin, pour cultiver mon champ, avec le projet d'être absent pendant quelques heures ; de retour au logis plus tôt que je ne l'a-

vais annoncé, je fus effrayé, en voy
ma pauvre Marie inondée de larm
et prosternée devant l'image d
vierge. A ce spectacle, je ne pus c
tenir ma douleur. « Cruelle am
» dis-je avec force, veux-tu d
» causer toi-même les malheurs
» tu redoutes, et faire périr d
» ton sein, cet enfant qui n'app
» tient qu'à Dieu ? O Marie, sa
» fût-elle une faute, fût-elle mé
» un crime, sa conservation est
» ce moment ton unique devoir,
» tu rendras un compte sévère d
» dépôt qui t'est confié. » Elle
effrayée de ce reproche, le prem
que je lui eusse jamais adressé, et
due à l'instinct autant qu'à la rais
elle se consacra tout entière à
être dont elle ne cessa de déplore
secret l'existence.

Marie avançait dans sa grosses
sa santé parfaite nous promettait

couches heureuses. Quoique je ne fusse pas sans inquiétude, j'étais ravi de joie de l'idée de voir naître de ma jeune épouse, un être qui pourrait lui ressembler. Je préparais avec ordre tout ce qui devait être utile au nourrisson, ou agréable à la mère dans son nouvel état. Déjà, avec des branches flexibles, j'avais construit le berceau du nouveau-né; tout était prêt; quand un événement inespéré rendit ces soins superflus.

Nous prenions, à notre porte, le repas du matin, lorsqu'avec un extrême saisissement, j'entendis un coup de canon en mer. Marie pâlit à ce bruit. « Chère amie, m'écriai-je, dans » mon transport, nous sommes sau- » vés! » Je m'élançai comme un trait au-delà des arbres qui bordaient notre logis; à peine eus-je fait quelques pas, que j'aperçus un vaisseau à l'ancre, à un quart de lieue du rivage; une chaloupe montée par plusieurs hom-

mes , longeait la chaîne de roche
cherchant une passe pour arriver
qu'à la côte.

Je retournai près de Marie. « Vi
» ma chère, lui dis-je avec ivres
» viens voir ceux que le ciel envo
» notre secours. » Et l'embrass
avec ardeur : « Tu trouveras une m
» qui nous aimera tous les deux,
» patrie qui sera fière de t'adopt
» et bientôt le plus cher de tes s
» haits sera accompli ! — O
» phonse, se hâta-t-elle de me rép
» dre, en levant ses beaux yeux
» le ciel, pourquoi n'avons-nous
» attendu ? Dieu, que je serais h
» reuse maintenant ! » Sans lui ré
quer , je la fis asseoir au pied d'un
bre , dans un lieu d'où elle pou
tout voir ; et je m'avançai seul
nos libérateurs. Ils avaient déjà
gné le rivage, et ils sortaient de l
chaloupe lorsque je les joignis. J

comptai huit, tous armés de fusils, car ils paraissaient appréhender quelque surprise. Je m'approchai de celui que je jugeai être leur chef, et après l'avoir salué, je le serrai dans mes bras avec une émotion dont il parut touché. Il m'adressa plusieurs questions, dans une langue que je n'entendais pas : je lui répondis dans la mienne qu'il ne comprit pas davantage. Un matelot qui parlait espagnol, et qui était en arrière, s'avança en ce moment ; il se plaça entre le commandant et moi, et nous servit d'interprète.

Alors je fis le récit sommaire de notre naufrage et de notre arrivée miraculeuse en cette île; j'ajoutai qu'un de mes compagnons était mort, que les deux autres s'en étaient allés, au risque de périr, et que j'étais resté seul en ce lieu, avec mon épouse. J'évitai ainsi d'indiquer son origine, et de faire connaître la nature de notre union.

En réponse à ma narration, on m'apprit que le vaisseau qui venait à notre secours , était hollandais ; qu'allant de Batavia à Amboine , la mousson contraire et les courants l'avaient poussé à l'est de sa route ; qu'après avoir aperçu plusieurs îles inhabitées , et passant devant celle-ci , on avait vu un drapeau déchiré flotter sur le rivage ; qu'alors, soupçonnant que quelque malheureux délaissé sur cette côte avait besoin de secours , charitablement le capitaine avait ordonné de jeter l'ancre ; la chaloupe avait été aussitôt mise à la mer , et comme il avait voulu faire partie de l'équipage, c'était à lui-même que j'avais le bonheur de parler en ce moment. Je lui rendis de vives actions de graces de cet acte d'humanité. C'était un homme bon et simple. « Seigneur
» Espagnol, me dit-il , vous ne me
» devez pas de remercîments ; nous

» autres gens de mer , nous nous de-
» vons tous les mêmes secours: peut-
» être un jour me seront-ils encore
» plus nécessaires qu'à vous. » Je le
pressai de gagner ma demeure; il y
consentit. Pendant le chemin, je lui
adressai plusieurs questions sur ce
qu'il m'importait le plus de savoir. Il
y répondit avec obligeance, et il me
dit qu'il se ferait un plaisir de nous
conduire en l'île d'Amboine, d'où il
nous serait facile de gagner les Philippines.

Nous arrivâmes ; Marie se leva à
notre approche. Je la présentai au
capitaine qui lui prit la main avec
la simplicité hollandaise , et la lui
serra affectueusement ; puis se tournant vers moi : « Cette jeune dame
» est trop belle , dit-il en souriant,
» pour que nous la laissions ici. »

Il me restait encore quelques bou-
teilles de vin ; je montrai mes provi-

sions de toute espèce aux matelots ;
ils firent un grand feu, et y jetèrent
des patates; le chocolat fut prodigué,
et en peu de moments, je pus offrir à
mes hôtes un déjeuner qui leur fut
agréable.

Je jouissais délicieusement du bonheur de me retrouver avec des hommes de mon pays. Dans ces régions
lointaines, ces différences de mœurs,
d'habitudes et de langage, qui distinguent parmi nous des peuples voi-
sins les uns des autres, s'effacent
par le seul effet de la rencontre des
voyageurs à une aussi grande distance de leurs patries respectives ; là,
tous ceux qui révèrent le saint nom
Jésus-Christ se regardent comme étant
d'une seule et même religion; des étrangers deviennent des compatriotes,
et les compatriotes se traitent en frè-
res. Là, tous les Européens oublient
leurs haines de commande. Ma pau-

vre Marie était stupéfaite ; elle regardait d'un air étonné ces hommes dont
la figure , le costume et les manières
lui paraissaient extraordinaires. Elle
était surprise qu'ils ne parlassent pas
espagnol. Leur langue rude et grossière lui inspirait un sentiment de
crainte qu'elle s'efforçait en vain de
cacher. Dans un profond silence , toujours à mes côtés , elle tenait ses yeux
fixés sur les miens , et mes regards
satisfaits pouvaient seuls lui inspirer
quelque sécurité.

A l'issue du repas , « Seigneur ca-
» pitaine, dis-je, vous avez bien voulu
» me promettre de me conduire à
» Amboine avec ma compagne ; c'est
» un service dont je sens tout le prix ;
» mais ne vous serait-il pas possible
» de nous transporter directement au
» port de Cavite, dans l'île de Luçon?
» A mon arrivée en ce pays , je dois

» y trouver des sommes considéra-
».. bles , et il me sera facile de vous
» indemniser des frais qu'aura oc-
» casionés ce détour. — Cela m'est
» impossible , répondit-il , le vais-
» seau n'est pas à moi, et je ne pour-
» rais faire ce que vous désirez , sans
» compromettre les intérêts des ar-
» mateurs. »

Je jugeai qu'il fallait autre chose que des promesses , pour obtenir ce que je désirais. « Eh bien, dis-je alors,
» j'ai une autre proposition à vous
» faire : j'ai sauvé de mon naufrage
» douze mille piastres , qui sont dans
» ce coffre ; accordez-moi ce que je
» vous demande, et je vous en compte
» à l'instant dix mille , ne conservant
» que ce qui m'est nécessaire pour les
» besoins du premier moment. » Cet argument était sans réplique pour un Hollandais; il leva toutes les difficultés.

Je livrai la somme, et il ne fut plus question que des préparatifs de départ.

Je fis à la hâte une seule malle de ce que nous avions de plus précieux, et ni la petite tasse de coco, ni la pendule, ni l'image de Notre-Dame d'Atocha ne furent oubliées. Marie elle-même se chargea du soin de les emballer. Je demandai ensuite au capitaine la permission de mettre le reste de mes effets à la disposition de ses gens ; il y consentit, et en un moment ce qu'il y avait de meilleur fut partagé. Le peu qu'ils laissèrent fut abandonné aux infortunés que le hasard pourrait amener en ce lieu.

Tout cela s'exécuta avec un trouble et une agitation de ma part qu'il m'est impossible de décrire. A peine eus-je le temps d'aller faire ma prière sur la tombe du pauvre Antonio Hijar, au triste sort duquel je ne pus m'empêcher de donner encore quelques larmes. J'eusse voulu dire un dernier adieu au rocher de ma chère Marie, et au bocage d'où je l'emportai jusqu'à mon logis ; mais cela me fut impossible, car le capitaine était pressé de regagner son bâtiment, qu'il ne voyait pas sans crainte dans une mer inconnue, et d'une navigation difficile. On chargea notre coffre dans la chaloupe, nous y montâmes avec le capitaine et deux matelots ; les autres attendirent le retour du canot, et employèrent cet intervalle de temps à transporter sur le rivage tout ce que je leur avais abandonné.

Enfin on donna le premier coup de rame ; je ressentis une émotion profonde, en m'éloignant de ce lieu où j'avais passé des jours si heureux. J'étais comme accablé de ce changement si grand et si soudain. Eh quoi ! le matin même, je pouvais me croire

retenu pour jamais dans ce désert ; quelques heures s'étaient écoulées, et l'univers était ouvert devant moi! Je regardai Marie, elle était pâle et tremblante. Ses yeux ne pouvaient se détacher de cet humble réduit, où nous avions goûté des plaisirs si purs ; et quoiqu'elle se les reprochât encore, ce souvenir provoqua ses larmes. « Chère amie, lui dis-je, en ré-
» pondant à sa pensée, nous trouve-
» rons ce même bonheur par-tout où
» nous serons ensemble ; et du moins
» le tien cessera d'être troublé. »
Cette idée, la plus consolante que je pusse offrir à son esprit, la rendit plus tranquille. Moi-même, après cette première impression, je ne vis plus qu'un heureux avenir ; je pressai la main de Marie dans les miennes, et tous deux, élevant nos cœurs vers le divin arbitre de toutes choses, nous adorâmes sa providence. Ainsi après six ans

trois mois et sept jours je quittai l'île où sa bonté m'avait recueilli, sustenté et marié d'une manière si miraculeuse.

Si le capitaine s'était montré intéressé en mettant un prix trop haut au service important que nous en avions espéré, je dois dire qu'il nous fit oublier ce défaut national par les attentions les plus délicates et les plus obligeantes.

Contre tout usage, il nous donna sa propre chambre ; il attacha à notre service le matelot qui parlait notre langue ; la beauté de Marie, sa douceur, son état, lui avaient inspiré un intérêt très-vif, dont il ne cessa de lui prodiguer les preuves. Passant à la vue de terre, il envoya plusieurs fois sa chaloupe à la côte, pour chercher des fruits ou des provisions fraîches, qui pussent être agréables à ma compagne; et de quelque avantage que fût pour lui le marché conclu entre nous, le zèle qu'il mettait à ses soins, montrait assez qu'ils avaient un plus noble motif.

Notre navigation ne fut troublée par aucun événement fâcheux. Les vents et les courants favorisaient notre marche ; Marie, déjà habituée à la mer, n'éprouva aucun des inconvénients que j'avais redoutés, et jamais voyage ne fut plus rapide et plus heureux.

Le vingt-deuxième jour au matin nous étions en face du port de Cavite ; le capitaine voulant éviter toute difficulté avec les douanes de Manille, nous fit descendre dans sa chaloupe avec nos effets ; il nous embrassa tous deux cordialement, et nous nous quittâmes pénétrés d'une reconnaissance réciproque. La chaloupe nous mit à terre ; elle retourna à l'instant vers le navire, qui aussitôt vira de bord, et nous perdîmes de vue nos bons Hollandais.

A peine à terre, nous fûmes entourés de plusieurs officiers et employés du port, qui s'informèrent du motif de notre arrivée en ce pays. Je leur donnai, en peu de mots, les explications qu'ils demandaient, et je priai l'un deux de me procurer un bateau pour nous transporter à Manille, ajoutant que j'étais particulièrement connu de don Gonzales de Carvagnal, intendant des Philippines. A ce nom respecté, chacun m'offrit ses services ; le bateau fut prêt en peu de moments ; un officier se présenta pour nous conduire jusqu'à Manille ; nous fîmes ce trajet en moins de quatre heures ; et je me vis enfin rendu à cette destination, dont tant d'événements extraordinaires m'avaient écarté..

J'embrassai Marie avec tendresse : « Chère amie, lui dis-je, Dieu a béni » notre voyage ; allons le remercier » de tant de bonté. »

Nous priâmes un domestique de l'hôtellerie où nous descendîmes en mettant pied à terre, de nous conduire à l'église cathédrale. Il n'y avait que quelques personnes sous la nef, au moment où nous y portâmes nos pas ; cette circonstance me fit plaisir. La figure de Marie était si remarquable, qu'elle eût été certainement l'objet d'une attention que je voulais éviter. Tout ce qu'elle aperçut la transporta de joie. Avec quelle tendre dévotion elle se prosterna devant les emblèmes de la Divinité, dont elle était entourée ! Elle ne se croyait pas digne de pénétrer dans ce saint lieu ; elle y aurait presque regardé sa présence comme un sacrilége. « Dans peu, ma chère, » lui dis-je, tu seras admise aux mys- » tères qu'on célèbre dans ce temple ; » tu en admireras les pompeuses cé- » rémonies ; nous nous humilierons » tous deux devant le Dieu de misé-

« ricorde, et il nous remettra notre
» faute, si sa bonté ne l'a déjà par-
» donnée. »

En sortant de l'église, je me fis
conduire chez une veuve qui recevait
les étrangers, et dont l'officier qui
nous avait accompagnés, m'avait in-
diqué le domicile. Elle nous reçut
bien. Je pris avec elle des arrange-
ments pour notre logement ; j'y ins-
talai Marie ; et la confiant aux soins
de notre hôtesse, je courus à l'intendance.

Un valet me demanda mon nom
pour m'annoncer : je ne voulus pas me
rendre à ses désirs, et je fis dire seulement à don Gonzales, qu'un gentil-
homme de ses amis désirait cinq minutes d'entretien. On m'introduisit
dans le cabinet de cette excellence.
Don Gonzales était seul en ce moment.
Je m'avançai vers lui, comme il se levait pour me recevoir ; son attitude de

vint tout-à-coup immobile ; il me regardait sans parler, comme un homme
qui doute du rapport de ses yeux.
Puis s'élançant vers moi, il me serra
dans ses bras, avec effusion. « Quoi!
» c'est-vous, don Alphonse, vous que
» nous avons tant pleuré! » Il me
prit par la main : « Cher ami, dit-il,
» suivez-moi, je me reprocherais de
» jouir seul du bonheur de vous re-
» voir. » Alors il me conduisit à
l'appartement de dona Héléna ; je
m'avançais pour lui baiser la main ;
elle ne m'en donna pas le temps, et
elle-même m'embrassa avec une affection dont je fus vivement touché.
« Mes dignes et chers amis, m'écriai-
» je, quel bonheur de vous retrouver
» et d'apprendre que vous m'ayez
» conservé une place dans votre cœur.
» Combien de fois votre souvenir a
» adouci mes ennuis dans l'affreuse
» position où je me suis vu réduit! »

Les questions se succédaient sans relâche. « Oui, leur dis-je, j'ai été sauvé
» seul ; tout ce qui était avec moi a
» péri. Dieu m'a conservé par un mi-
» racle ; mais il en a fait un bien plus
» grand en ma faveur. »

Alors, je m'assis près d'eux, et je
leur racontai, dans le plus grand détail, tout ce qui m'était arrivé depuis l'instant de notre séparation. Je
donnai sur-tout beaucoup de dévelop-
pements à ce qui concernait ma chère
Marie ; et je m'attachai à prévenir
l'opinion injuste, que la situation où
elle était en ce moment eût été dans
le cas de provoquer dans leur esprit.
Je peignis avec autant d'énergie que
de vérité ses scrupules, ses combats,
sa longue et honorable résistance. Je
terminai, en disant que ma première
démarche serait d'ajouter à notre
union le caractère sacré qui y manquait encore, et que je les suppliais

l'un et l'autre de m'en faciliter les moyens.

Don Gonzales me proposa de me présenter lui-même à monseigneur l'archevêque de Manille, et de solliciter de sa grandeur les dispenses nécessaires. Dona Héléna, vivement intéressée par tout ce que j'avais dit de la vertu et de la beauté de Marie, avait la plus grande impatience de la voir. Tous deux exigèrent que je vinsse avec elle m'établir à l'intendance. Il était trop tard pour que ce déplacement pût avoir lieu le jour même. Je pris congé de ces deux généreux amis, en leur promettant de les revoir dès le lendemain matin, avec ma compagne, et de me conformer en tous points à leur volonté.

Je retournai près de Marie, qui fut ravie de joie, en écoutant le récit de cette touchante réception. « Chère » amie, lui dis-je, Dieu nous comble

» de toutes ses graces; après no

» avoir conduits ici d'une manière

» extraordinaire, il m'y a fait tro

» ver de tendres amis qui vont êt

» les tiens; ils veulent nous avoir pr

» d'eux ; et ils s'occupent déjà d

» moyens de contenter tes plus che

» désirs. »

Le lendemain j'engageai Marie

soigner sa parure; notre hôtesse

sa fille lui prêtèrent leur secours,

elles lui procurèrent à la hâte les o

jets qui lui manquaient. La toilet

n'était pas encore terminée, lorsqu

l'on annonça don Gonzales. Exci

par sa propre curiosité, empressé d

satisfaire celle de dona Héléna, il v

nait lui-même nous prendre dans

voiture. J'allai le recevoir dans u

autre appartement. « Don Alphons

» me dit-il, je viens embrasser voti

» belle Marie, et vous rappeler l'er

» gagement que vous avez pris hier a

» soir. » Après un entretien de quelques moments, j'allai chercher ma
jeune épouse. Elle était mise avec
autant de richesse que d'élégance. Le
fameux collier de perles faisait partie
de sa parure ; mais ses charmes naturels et sa modestie en étaient le plus bel
ornement. Je la pris par la main, et la
présentant à don Gonzales : « Marie, lui
» dis-je, embrassez votre protecteur
» et l'ami de votre époux. » Elle me
regarda en rougissant, et avec une
grace touchante elle s'avança pour recevoir ce baiser que don Gonzales
osait à peine donner, après l'avoir
demandé avec tant d'empressement.
« Don Alphonse, me dit-il tout bas
» quelque brillants que soient vos
» portraits, ils sont loin d'être flat-
» tés. » Il offrit la main à ma compagne, et nous montâmes en voiture. Je ne parlerai pas de la surprise
de Marie à la vue des chevaux, des

équipages, et de tant d'objets nouveaux pour elle.

A notre arrivée, dona Héléna prodigua avec candeur à Marie des éloges que jusque-là elle était accoutumée elle-même à recevoir, et elle n'y mit aucune restriction. « Don Alphonse, » me dit-elle à l'oreille, je ne vous » trouve plus si coupable. » Nous laissâmes Marie avec elle, et nous prîmes le chemin de l'archevêché, don Gonzales et moi.

Lorsque nous fûmes seuls : « Don » Alphonse, me dit-il, je n'ai pas » encore eu le temps de vous parler » de vos intérêts. D'après l'autorisa- » tion que vous m'en aviez laissée, j'ai » reçu vos fonds des mains de vos dé- » biteurs. J'ai craint de les faire par- » venir à dona Maria, et je les ai pla- » cés en votre nom chez un riche né- » gociant qui vous les rendra à la pre- » mière demande, en vous en payant

» un intérêt honnête. » Je le remerciai de ses soins, et j'applaudis surtout
au parti qu'il avait pris, de ne rien
faire qui pût détruire l'espoir que ma
digne mère avait sans doute conservé.

Le prélat reçut don Gonzales avec
les marques de la plus haute distinction, et j'en fus accueilli avec poli-
tesse. J'exposai en peu de mots à sa
grandeur le motif de ma visite ; elle
me prêta une oreille attentive, puis
elle fit appeler un de ses grands-vi-
caires. Un vieux prêtre d'une physionomie respectable se présenta.
« Seigneur don Gaspard, lui dit l'ar-
» chevêque après lui avoir parlé un
» moment en particulier, je vous prie
» de suivre ce cavalier à sa demeure ;
» vous verrez la personne dont il s'a-
» git ; vous entendrez sa déclaration,
» et après avoir pris une exacte con-

» naissance des faits, vous voudrez
» bien m'en rendre compte. »

Nous revînmes avec don Gaspard;
j'appelai Marie, et en présence de
don Gonzales et de son épouse, je fis
un récit exact de toutes les circonstances qui nous avaient conduits l'un
et l'autre à notre situation actuelle.
Dans les choses qui étaient plus particulièrement relatives à ma compagne,
je la priai de s'expliquer elle-même.
Elle exposa la vérité avec une simplicité si touchante, elle montra tant
d'horreur pour le mal, que dona Héléna en fut attendrie jusqu'aux larmes;
le vieux prêtre même ne laissa pas
d'être ému. Après un moment de silence: « Seigneur don Alphonse, dit-
» il, vous avez de grands reproches à
» vous faire, et vous êtes l'unique
» auteur des fautes dont cette jeune
» dame s'accuse avec tant d'amertume,

» Vous l'avez arrachée du chemin de
» la vertu, où vous-même l'aviez pla-
» cée ; vous lui avez donné la con-
» naissance du vrai Dieu ; mais vous
» l'avez détournée de l'observance de
» sa loi; enfin, après lui avoir répété
» que le Ciel dirige tous les événe-
» ments de la vie, vous avez feint de
» croire que sa bonté vous avait ou-
» bliés pour jamais l'un et l'autre, et
» qu'arbitres de votre propre desti-
» née, vous pouviez en décider par
» vous-mêmes. En cela vous avez en-
» couru les censures de l'église; mais
» comme la miséricorde divine l'em-
» porte sur les torts de la faiblesse
» humaine, que vos erreurs ne par-
» tent pas d'une ame corrompue, et
» qu'il est permis de les attribuer seu-
» lement à l'emportement des pas-
» sions, un repentir sincère pourra
» vous les faire pardonner. » Puis
se tournant vers Marie : « Pour vous,

» jeune dame, vous avez à vous re-
» procher une faute grave ; elle est
» même la plus grande que puisse
» commettre une personne de votre
» sexe. Cependant, telle est l'opinion
» que j'ai conçue de la pureté de votre
» cœur, que je ne crains pas de vous
» dire que votre péché vous sera re-
» mis. Dès aujourd'hui vous recevrez
» le saint baptême selon les rites de
» l'église catholique, apostolique et
» romaine, et demain je vous enten-
» drai moi-même au tribunal de la
» pénitence. Une ame telle que la vô-
» tre ne doit pas être privée plus long-
» temps des secours de la religion. »
Dans un transport de reconnaissance,
Marie se prosterna aux pieds de ce
vénérable ecclésiastique ; il se hâta de
la relever, après lui avoir donné sa
bénédiction.

Au moment de nous quitter : « J'exi-
» ge, dit-il, que toute intimité cesse

» entre vous dès ce moment. Elle a
» été une faute ; elle serait un crime
» aujourd'hui. Je vais instruire mon-
» seigneur l'archevêque de tout ce
» que je viens d'apprendre, et je vous
» promets en son nom tous les se-
» cours de l'église. »

A peine fut-il parti, que dona Héléna s'élança vers Marie, et la serrant
dans ses bras avec une tendresse extraordinaire : « Aimable enfant, lui
» dit-elle, votre ame est plus belle
» encore que votre figure ; vous êtes
» un ange sur la terre, et je vous
» souhaite tout le bonheur dont ils
» jouissent dans le ciel! »

On se mit à table ; nous étions
seuls. J'avais prié don Gonzales de
ne point exposer Marie aux regards
du public, jusqu'à ce qu'elle eût été
revêtue d'un titre qui lui manquait
encore. La somptuosité des apparte-
ments, la beauté du service, le nom-

bre des valets, vêtus de riches livrées,
excitaient son étonnement; et, sans
qu'elle s'en doutât, elle-même était
un objet plus admirable que tout ce
qu'elle voyait autour d'elle. Je la contemplais avec orgueil; elle portait
une robe bleu céleste, brodée en ar-
gent, et les autres parties de sa parure répondaient très-bien à cette
magnificence. Vers la fin du repas,
lorsque les domestiques se furent re-
tirés, dona Héléna regarda avec attention la robe de Marie; puis, elle
se mit à rire aux éclats. J'étais embar-
rassé, Marie paraissait interdite; don
Gonzales, jetant un coup-d'œil sévère
sur son épouse, lui demanda le motif
de cette joie immodérée? « Quoi!
» dit-elle en continuant de rire, vous
» ne reconnaissez pas cette robe que
» vous-même avez choisie pour moi
» dans la plus fameuse boutique de
» Madrid? » Alors, je racontai l'his-

toire de ce coffre rempli de hardes de femmes, si long-temps dédaigné, et depuis si utile. « Aimable Marie,
» dit dona Héléna, tôt ou tard je devais
» partager ma garde-robe avec vous ;
» et je suis fière de penser que sous
» quelques rapports il y a un peu de
» ressemblance entre nous. »

Après qu'elle eut parlé, Marie me regarda ; puis elle mit la main sur son collier, en s'accompagnant dans cette action d'un léger coup-d'œil vers dona Héléna. Je compris son idée à laquelle j'applaudis de la même manière. Alors elle dénoua son collier, et le présentant à dona Héléna : « Ma-
» dame, dit-elle avec une grace naïve,
» je reçois tout ce que vous me donnez
» parce que je vous aime ; recevez
» également ceci parce que vous m'ai-
» mez. » Don Gonzales prit la parole : « Chère Marie, observa-t-il
» en souriant, vous ignorez dans votre

» heureuse innocence la valeur de ce
» que vous offrez. Apprenez que ce
» bijou est d'un très-grand prix, et
» que.... — Tant mieux, tant mieux,»
répondit-elle avec vivacité. A ses ins-
tances, je joignis les miennes. « Mes
» dignes amis, dis-je, soyez assez gé-
» néreux pour accorder cette faveur
» à deux êtres qu'un refus désespé-
» rerait également; c'est au nom de
» ce que j'ai de plus cher, que je vou
» en supplie l'un et l'autre. » Dona
Héléna accepta le collier. « Au moins
» répliqua-t-elle, souvenez-vous qu
» si je consens à faire ce que désiren
» mes amis, je compte sur la même
» complaisance de leur part. »

Le soir, nous allâmes tous quatre
l'église paroissiale, où don Gaspard
nous attendait. Il donna le baptême
ma chère Marie ; don Gonzales et don
Héléna furent ses parrain et marraine
Lorsqu'il fut question d'en rédige

l'acte, don Gaspard demanda à Marie sous quelle qualification il devait la désigner ? « Mettez, dit don Gonza- » les, fille du souverain de l'île *d'O-* » *déron.* » C'est en effet sous ce nom que ma femme m'avait fait connaître le lieu de sa naissance. Le prêtre nous regarda d'un air étonné ; ce titre lui inspira un respect involontaire, et je pus voir que ceux même qui ont renoncé au monde, sont encore éblouis de ses grandeurs.

Marie fut confessée le lendemain. Quinze jours furent employés à achever son instruction, que le bon prêtre trouva fort avancée, et nous obtînmes enfin la bénédiction nuptiale. La cérémonie fut célébrée sans éclat. Deux officiers de la garnison nous servirent de témoins. Je reçus Marie des mains de don Gonzáles, représentant son père ; et elle put enfin avouer son époux.

Trois semaines après notre mariage, Marie accoucha d'un fils ; il
était beau comme un ange, c'est-à-
dire, comme sa mère elle-même. Marie
se chargea du soin de l'allaiter. Avec
quel charme je contemplais ces deux
êtres ! « Intéressante amie, mon cœur
» était plein de toi ; seule, tu absor-
» bais toutes mes facultés ; la moin-
» dre de mes pensées t'avait eue pour
» objet dans la solitude de notre île ;
» et cependant, cet enfant m'était
» aussi cher que l'épouse à laquelle
» j'en étais redevable ! Nature, Pro-
» vidence, sources merveilleuses de
» tout sentiment généreux, vous don-
» nez à l'ame une extension incom-
» mensurable ! Vous accroissez ses
» forces avec ses besoins ! Rassasiée
» d'amour, elle est tout étonnée
» d'aimer encore davantage ; sa ten-
» dresse ne saurait tarir ; c'est une
» mine profonde qui s'étend en nou-

» veaux filons, alors même qu'on la
» croirait épuisée ! »

Arrivé trop rapidement sans doute au comble de la félicité, je devais être en garde contre cette suite d'événements favorables. Ils ne m'inspirèrent que de la sécurité ; le réveil fut terrible !

Jusqu'à ce moment, Marie avait été cachée avec soin à tous les yeux. Dona Héléna voulut qu'elle s'offrît avec éclat en public ; et le jour de ses relevailles, selon l'usage de ce pays, devait éclairer en même temps sa première entrée dans le monde. Tout avait été préparé pour le transformer en un jour de triomphe. Le gouverneur, par amitié pour don Gonzales, s'étudia à donner à cette cérémonie un caractère imposant. On tira le canon, la garnison fut mise sous les armes ; nous arrivâmes à l'église cathédrale entre deux haies de soldats. Le clergé, le militaire, les gens en place, tout ce que Manille offrait de plus brillant, remplissait cette vaste enceinte, et une foule de peuple en obstruait les avenues. Nos aventures avaient été répandues. Insensiblement la renommée y avait ajouté des circonstances merveilleuses. On ne s'entretenait dans toute la ville, que de la *princesse indienne*; dona Héléna s'était plu à accréditer ces bruits, qui ne tenaient à la vérité que par un fil.

Vêtue d'une simple robe blanche, Marie parut tenant son enfant dans ses bras. Ses longs cheveux bouclés flottaient sur ses épaules, et sa tête n'offrait pour tout ornement qu'une guirlande de fleurs. Elle s'avança à pas lents, dans une contenance modeste et recueillie. De tous côtés un murmure d'applaudissements circulait sous la nef; sans que la majesté du lieu saint

pût y mettre obstacle ; le clergé lui-
même semblait étonné. Je savourais
avec délices ces justes éloges ; Marie
était la seule qui ne les entendît pas. Jamais je ne l'avais vue si belle ; car le
sentiment divin dont elle était animée,
donnait à tous ses traits une expression angélique.

La cérémonie terminée, nous sor-
tions de l'église avec ordre; lorsqu'au
moment de monter en voiture, nous
fûmes environnés d'une multitude de
mendiants. Je donnai à Marie une poi-
gnée de piastres, pour qu'elle se dé-
gageât de leurs importunités, et j'en
distribuai également à tous ceux qui
étaient le plus près de moi. Ils se re-
tiraient en nous comblant de bénédictions, lorsqu'une petite fille encore
toute rouge de la petite-vérole, s'attacha à la robe de Marie, en lui demandant l'aumône avec opiniâtreté.
Effrayé à son aspect, je la repoussai

avec force : « Éloigne toi , malheu-
» reuse enfant , lui criai-je avec vé-
» hémence ! » Marie me regarda d'un
air étonné : « Quoi, Alphonse, dit-
» elle , un être souffrant n'a-t-il pas
» droit à votre pitié? » Puis, saisissant
sa main encore couverte de pustules
desséchées: « Viens pauvre petite, viens
» avec moi ; il ne nous refusera pas
» toutes les deux.—Alphonse , ajouta-
» t-elle, donnez une pièce d'or à cette
» malheureuse créature. » Son action
avait été si rapide, que je n'eus pas
le temps de la prévenir. Je me hâtai
de faire ce qu'elle désirait, frémissant
du danger , et n'osant le lui faire connaître.

Cet incident avait eu lieu pendant
que dona Héléna regagnait son car-
rosse ; en sorte que ni elle , ni ceux
qui l'accompagnaient ne s'en étaient
aperçus. Marie se hâta de la rejoindre;
elle prit place auprès d'elle, et je mon-

tai dans une autre voiture , avec don Gonzales. Nous étions seuls; l'altération de mes traits le frappa. « Qu'a-
» vez-vous, don Alphonse, me deman-
» da-t-il vivement : êtes-vous atteint
» d'un mal subit ? » Alors je lui racontai ce qui venait de se passer. « Ce
» que vous m'apprenez est très-sé-
» rieux, répondit-il; cependant gar-
» dez-vous d'en rien dire à votre
» épouse. L'inquiétude seule pourrait
» lui causer une impression fâcheuse.
» Il est à croire que le contact d'un
» seul moment n'aura pas de suite;
» et je vous engage vous-même à en
» écarter le souvenir. »

Nous arrivâmes à l'intendance où nos dames se hâtèrent de rentrer dans leur appartement. Le gouverneur donnait en l'honneur de Marie un repas splendide auquel il avait invité les personnes les plus distinguées de la ville. Dona Héléna voulut que sa nouvelle amie s'y montrât en grand appareil; de sa propre main, elle daigna aider à sa toilette ; jamais l'art ne seconda plus heureusement la nature.

Arrivés chez son excellence, nous y trouvâmes une société aussi brillante que bien choisie. Marie fut présentée aux dames ; elle répondit avec grace à leurs politesses ; toutes accordèrent à sa rare beauté des éloges qui pour la première fois peut-être n'avaient rien de pénible ; et de mon côté , je reçus les félicitations de tous les cavaliers.

Le dîner fut suivi d'un concert, et la soirée se termina par un feu d'artifice qui causa à ma compagne une surprise agréable. Cette journée, consacrée tout entière à la représentation , finit enfin ; nous nous retirâmes avec don Gonzales et son épouse, et bientôt je me vis seul avec Marie.

« Cher Alphonse , dit - elle avec
» transport, mes fautes me sont en-
» fin pardonnées ; ce jour solennel
» en efface jusqu'à la trace ; et je puis
» sans rougir m'enivrer du bonheur
» d'être aimée de toi. Alphonse, mon
» ami , viens dans les bras de ton
» heureuse épouse ; elle se livre elle-
» même à toutes tes caresses ! » Les
idées sombres qui m'avaient agité jusque-là , firent places à des idées plus
douces ; et j'oubliai dans des voluptés
ravissantes ce qui m'avait inspiré
tant d'effroi.

Au moment de mon réveil , Marie
dormait encore ; son sommeil était
paisible ; j'admirais l'éclat de son teint,
la pureté de ses traits. Je contemplais
avec ravissement cette fleur de santé
qui brillait sur son front ; et déjà la
mort avait marqué sa victime.

Le matin dona Héléna mena Marie visiter plusieurs couvents de fem-

mes, et j'allai voir avec don Gonza
les quelques établissements qu'il avai
créés. Nous nous rejoignîmes bientôt
Marie parla avec intérêt de ce qu'ell
avait remarqué. La vie calme des re
ligieuses avait excité en elle un senti
ment doux et triste qui se peignai
encore dans tous ses traits. « Al
» phonse, dit-elle en me regardar
» avec tendresse, il faut aimer, o
» vivre là. »

Le reste de la journée se passa dan
des plaisirs tranquilles ; le soir, a
moment de quitter la table, Mari
éprouva tout-à-coup des convulsior
violentes, qui furent suivies d'un lon
évanouissement. Hors de moi à cett
vue, je serrai avec force la main d
don Gonzales, et le regardant d'u
air sinistre : « Elle est morte, dis-j
» à voix basse, et je mourrai ave
» elle ! » Il envoya en toute hât
chercher son médecin ; et pendant qu

dona Héléna, aidée de ses femmes, donnait à Marie les plus tendres soins, il me força de le suivre dans une pièce voisine. « Au nom de Dieu, don Al-
» phonse, me dit-il, modérez-vous.
» Voulez-vous donc être le bourreau
» de celle qui vous est si chère? Le
» mal qu'elle éprouve en ce moment
» peut n'avoir aucun rapport avec
» celui que vous redoutez; et pour
» vous alarmer ainsi, attendez au
» moins que le danger soit connu. »
Le médecin arriva; avant qu'il ap-
prochât de Marie, don Gonzalès lui
fit part de ce qui s'était passé la veille :
« Seigneur, répondit-il, la petite-vé-
» role est en ce pays la plus cruelle
» des maladies ; elle est surtout fatale
» aux Naturels de ces contrées; il est
» rare qu'ils échappent à sa malignité.
» Faites-moi voir la malade, et je vous
» dirai avec sincérité ce que vous
» devez attendre de son état. » Don

Gonzales le conduisit vers Marie, et
il m'obligea de rester en ce lieu, jusqu'à son retour. Ils ne tardèrent pas à
revenir. « Seigneur, me dit le doc-
» teur, j'ai vu la jeune dame, vous
» avez beaucoup à craindre. » Il nous
quitta après ce peu de mots, pour
aller chercher quelques remèdes à la
préparation desquels il voulait être
présent; et don Gonzales me ramena
lui-même à l'appartement de Marie,
après m'avoir fait promettre de conte-
nir ma douleur. Cette charmante créature m'engagea par un signe à m'approcher. « Alphonse, dit-elle d'une
» voix faible, j'ai bien du mal; un feu
» dévorant me consume; » et, mettant
la main sur sa poitrine, « tout est là.
» Où est mon enfant, ajouta-t-elle
» ensuite ? » On lui répondit qu'il
dormait; elle n'en demanda pas davantage et parut plus tranquille ; je crus
moi-même au sommeil de mon fils.

Hélas ! j'ignorais que dona Héléna l'avait envoyé à la campagne, au premier soupçon de cette affreuse maladie; et c'est à ce soin rapide que j'ai dû son salut.

Le médecin revint avec ses remèdes. Marie prit tout ce qu'on lui présenta, et cependant une fièvre terrible la saisit ; bientôt le délire donna à son mal un caractère funeste. Je regardais le médecin avec angoisse ; son maintien était grave et triste. Je le tirai à part : « Sauvez-la , lui dis-je » avec feu ; ma fortune est consi- » dérable, et je la partage avec vous. » Il ne me répondit pas ; son silence produisit sur moi l'effet d'un arrêt de mort.

Pendant la nuit et la journée suivante , les redoublements se succédèrent avec rapidité , et toujours ils étaient accompagnés d'un cruel délire. Sur la fin du second jour , le médecin prononça quelques mots à l'oreille de dona Héléna ; elle sortit, et bientôt je la vis rentrer avec don Gaspard, ce même ecclésiastique qui avait donné à Marie les premiers sacrements. Quel rapprochement ! lui-même en fut frappé. « Eh quoi, si-» tôt ! » s'écria-t-il avec un geste de douleur. A son aspect, Marie s'efforça de soulever sa tête appesantie, et, d'une voix mourante : « O mon père, » dit-elle, encore ce service ; ce sera » le dernier. » Il nous fit sortir, et resta seul un quart d'heure avec elle. Lui-même vint nous prendre. « Don » Alphonse, me dit-il, revenez près » de votre épouse, et apprenez d'elle » à fléchir sous la main de Dieu. » Je le suivis. Quel spectacle ! ces apprêts funéraires, ces cierges lugubres me glacèrent d'effroi. Je m'approchai de Marie ; son air était calme. Je voulus parler, l'horreur dont j'étais saisi ne me le permit pas. Elle me prit la main, la serra entre les siennes, et jetant un regard douloureux vers le ciel : « Cher Alphonse, dit-elle, quoi ! » quitter mon époux, mon fils.... » mourir.... Ah! j'ai cru trop tôt.... » Elle ne put achever. Une larme traversa rapidement ses joues brûlantes. Déjà ses mouvements devenaient convulsifs ; le prêtre se hâta de remplir son triste ministère... A cette vue, je jetai un cri terrible, et je tombai sans connaissance.

Lorsque je revins de cet évanouissement, j'étais sur mon lit, entouré de mes amis qui fondaient en larmes. Une fièvre aiguë me saisit ; pendant quarante jours je fus dans un délire presque continuel. Je désirais mourir, et j'étais condamné à vivre encore. Enfin je m'éveillai comme sortant d'un long rêve; je rappelai mes idées, et je pus pleurer. Dona Héléna s'approcha de moi ; elle prit mon fils des mains d'une femme qui la suivait, et me le présenta. Je le serrai contre mon sein, et lorsque je le lui rendis, j'eus la douleur de lui voir tendre les bras à cette femme qui n'était pas sa mère.

Que me reste-t-il à dire encore ? Je revins à la vie. Malgré les tendres bontés de don Gonzales et de son épouse, le séjour de Manille me devint odieux. Je les suppliai de permettre que je retournasse en Espagne. Ils y consentirent, et don Gonzales s'occupa sans délai des moyens de me faciliter ce voyage. Un vaisseau anglais, nouvellement arrivé à Manille, ayant donné à cette colonie l'annonce de la rupture des traités entre la France et l'Epagne, un gros galion, appelé *le Roi-Charles*, fut armé en guerre pour retourner en Europe, sous le commandement de don Ferdinand de Sylva. Don Gonzales me recommanda à cet officier de la manière la plus pressante. Il fit plus encore : j'étais incapable de m'occuper de mes intérêts ; il régla mes affaires ; il veilla au chargement de tout ce qui m'appartenait ; et, au moment du départ, « Don Alphonse, me dit-il, un cer- » cueil de plomb est au nombre de » vos effets, il est inutile de vous » dire ce qu'il contient. » Cette dernière marque d'amitié me sembla la plus forte de toutes celles que j'avais reçues de lui et de dona Héléna. J'embrassai tendrement ces généreux amis, et je m'embarquai, en décembre 1793, avec mon fils et sa nourrice. C'était une jeune femme, nouvellement veuve, qui avait désiré retourner en Espagne après la mort de son mari ; don Gonzales lui avait promis en mon nom un établissement, si ses soins répondaient à mon attente ; elle a mérité ce que j'ai fait pour elle.

Peu de temps après notre départ, nous rencontrâmes un vaisseau de guerre anglais, nommé *le Lion*; il revenait de la Chine, et il portait lord Macartney, ambassadeur du roi d'Angleterre, en ce pays. Nous marchâmes de conserve avec ce vaisseau; et, dans les premiers jours de septembre de l'année 1794, nous arrivâmes sans accidents à Cadix.

Sans me reposer un seul moment, je pris la poste; et le cœur palpitant à-la-fois de crainte et d'espérance, je volai à la maison paternelle. Je revis dona Maria; mais, dans quel état, grand Dieu! elle était mourante d'une maladie de langueur, dont la cause ne m'était que trop connue. Elle connut mes malheurs; elle donna des larmes à la mémoire de ma chère Marie, et mon fils reçut ses bénédictions les plus tendres. J'eus la douleur de la perdre un mois après mon retour.

J'avais retrouvé près d'elle le père Pablo ; il me consacra le reste de sa vie, et il la finit auprès de moi.

Mon fils est le seul ami qui me reste. Ses traits, son caractère heureux, me rappellent sans cesse son adorable mère. Fidèle à sa mémoire, comme je l'eusse été à elle-même, je l'ai toujours eue présente dans mes actions ; elle vit, elle vivra toujours à mes yeux, et son image sera la dernière de toutes dans ma pensée !

J'ai renoncé au monde pour jamais. Enseveli dans une retraite où la mort seule peut m'atteindre, je passe la moitié de mes jours près du monument funèbre que j'ai érigé à ma chère Marie ; l'autre moitié est consacré à son fils. Les qualités heureuses que chaque jour développe dans cet enfant, adouciraient ma peine, si elle était susceptible de l'être.

Je menais depuis plusieurs années

cette vie solitaire, lorsque j'appris que la Rosalba existait dans mon voisinage. Après avoir dissipé follement des sommes considérables, elle était réduite à vendre sa terre pour satisfaire ses créanciers. Elle m'écrivit pour me proposer d'en faire l'acquisition, et elle terminait sa lettre en me demandant si elle pouvait espérer que sa visite me serait agréable. Je lui fis répondre que je ne voyais personne ; que cependant je désirais lui être utile, et que je saisirais avec plaisir l'occasion qui s'en présentait. En effet, j'achetai son domaine au prix qu'il lui plut d'y mettre ; mais ayant appris que le produit de cette vente suffisait à peine pour acquitter ses dettes, je ne pus supporter l'idée de voir dans l'indigence un être que j'avais tant aimé, et je lui assurai cinq cents piastres de pension, dont je lui fis payer la première année d'avance.

J'ai la satisfaction d'apprendre que, revenue de ses longs égarements, elle mène une vie exemplaire. Chaque année elle m'écrit, sans que je lui aie jamais répondu. Elle me fait savoir par sa dernière lettre qu'elle va se retirer dans un couvent des Filles-Pénitentes, et y finir ses jours en priant Dieu pour son bienfaiteur.

FIN.

De l'Imp. de CELLOT, rue des Gr.-August., n° 9.